Eine Menge Leute in Deutschland sind stinksauer. Sie haben einer Regierung zum Wahlsieg verholfen, von der sie nun ohne Ende abgezockt werden. Pessimismus und Enttäuschung machen sich breit, die Stimmung ist auf dem Tiefpunkt. Dennoch ist eines nicht zu übersehen: So langsam regt sich Widerstand gegen Frust und Frost. Sparen ist in und Geiz nicht immer geil.

»Im Armani zum Aldi!« trifft genau dieses Lebensgefühl. Unterhaltsam und mit ironischen Seitenhieben auf Politik und Wirtschaft rufen die Autoren dazu auf, sich nicht von der allgemeinen Larmoyanz anstecken zu lassen, den erreichten Lebensstandard zu verteidigen und die Krise clever zu meistern. Denn eines sollte man sich auch von der von oben verordneten Sparwelle nicht nehmen lassen: Die Freude am guten Leben!

Christine Lüders ist PR-Koordinatorin im Pressereferat des Hessischen Kultusministeriums. Davor war sie viele Jahre im Medienmanagement der Lufthansa tätig. Sie ist Buchautorin, schreibt für Zeitschriften und hat als freie Journalistin für das Fernsehen gearbeitet.

Harald Lüders arbeitet seit 1993 als Fernsehjournalist beim ZDF, zunächst für das Magazin »Frontal«, jetzt für die Sendung »zdf.reporter«. Davor war er für verschiedene ARD-Anstalten als freier Journalist tätig, insbesondere für das Kulturmagazin »Titel, Thesen, Temperamente«. 1981 wurde er in der Sparte »Dokumentarfilm« mit dem Adolf-Grimme-Preis in Gold ausgezeichnet.

Unsere Adresse im Internet: www.fischer-tb.de

Christine und Harald Lüders

Im Armani zum Aldi!

Das Sparbuch für Lebenskünstler und Genießer

Unter Mitarbeit von
Dr. Beate Thorn
und Christopher Bergmann

Fischer Taschenbuch Verlag

4. Auflage: September 2003

Originalausgabe
Veröffentlicht im Fischer Taschenbuch Verlag,
einem Unternehmen der S. Fischer Verlag GmbH,
Frankfurt am Main, August 2003

Satz: Pinkuin Satz und Datentechnik, Berlin
Druck und Bindung: Druckerei C.H.Beck, Nördlingen
Printed in Germany
ISBN 3-596-16047-2

Inhalt

1 Einleitung oder:
Eins auf die Eichel 7

2 Dagobert Duck und der 3-Liter-Lupo oder:
Warum Geiz nicht geil, Sparen aber sexy ist 16

3 Was Werber geil macht 24

4 Rucola, Scampi und San Pellegrino
Der Metropolenführer für Krisenzeiten 29

5 Versace am Autobahnkreuz oder:
Von der Goethestraße nach Zweibrücken 48

6 Gut gebimst – doppelt gespart
Von Aldi lernen, heißt siegen lernen 59

7 Die Küchenguerilla oder:
Mit Spartipps durch die Krise 70

8 Internet
Surf and Save 76

9 Sparen aus der Steckdose oder:
Lust auf einen Seitensprung? 92

10 Der Häuslebauer und der Neue Markt oder:
Die Straddle-Strategie 96

11 Vom Sparzwang oder:
Hilfe, ich bin eine Ich-AG! 107

12 Empfehlen Sie mich weiter! oder:
Ein Herz für Schwarzarbeiter 121

13 More Surf and Save oder:
Amazonen unter dem Hammer 131

14 More Miles – Less Money
Die billigsten Wochen des Jahres 147

15 Der lautlose Basar
Swops, Digits und Couponing 155

16 Querdenker oder:
Die bucklige Verwandtschaft 164

17 Wie geizig sind Sie?
Machen Sie den Test! 169

18 Die neue Mitte oder:
Fangt endlich an! 175

Adressen von Fabrikverkäufen und
Outlet-Centern 183

1 Einleitung oder: *Eins auf die Eichel*

Ich trinke für mein Leben gerne Champagner. Eiskalt muss er sein, dann ist der erste Schluck ein Genuss. Sie wissen, was ich meine.

Zwei Dinge habe ich im letzten Jahr entschieden: Erstens, ich werde mich nicht dafür entschuldigen, dass ich gerne Champagner trinke. Und zweitens, ich werde mir das nötige Kleingeld für meine Gläschen von keinem Finanzminister der Welt wegnehmen lassen.

Als ich zum ersten Mal im Autoradio das Wort »Erhöhung der Beitragsbemessungsgrenze für die Rentenversicherung« hörte, da war mir nicht klar, dass ich gerade ausgeraubt wurde. Ich hatte, ehrlich gesagt, keine Ahnung, wovon der Nachrichtensprecher redete, außerdem suchte ich gerade einen Parkplatz. Beim rückwärts Einparken hatte ich glatt überhört, dass ich soeben 30 verdammt gute Flaschen im Jahr losgeworden war. Oder anders gerechnet, das Geld für eine Woche zu zweit in den Bergen. Gut 1000 Euro im Jahr, einfach weg, einfach so, verschwunden im Niemandsland zwischen Brutto und Netto. Bürger aller Länder vereinigt euch, wir haben nichts zu verlieren als unser Geld.

Es geht gegen mächtige Gegner: Da gibt es den Kanzler, der vor der Wahl '98 die neue Mitte erfand, nur um sie nach der Wahl 2002 wie eine heiße Kartoffel fallen zu lassen. Ende 2002 kam der Kanzler erstmals auf den ersten Platz der Charts, nicht Gerhard Schröder, sondern sein Alter Ego, Elmar Brand. Der Erfinder der *Gerd Show* brachte die Lage der Nation auf den Punkt: »Ich erhöh euch die Steuern, gewählt ist gewählt.« Hilflose Häme, millionenfach verkauft. Da gibt es Banker wie Rolf

Breuer, den Ex-Chef der Deutschen Bank, der erklärt, dringend benötigte Zinssenkungen leider nicht an die werten Kunden weitergeben zu können, da man gerade selber etwas klamm sei. Schließlich habe man gerade ein Paar Milliarden beim Investment-Banking verzockt. Dann gibt es profilierungssüchtige Gewerkschaftsbosse, die mit dem Beharrungsvermögen alter Kämpen gegen bankrotte Städte ins Feld ziehen. Nicht zu vergessen Luigi, der nette Restaurantbesitzer von nebenan, der Euro und Mark eins zu eins umrechnete und damit den Teuro erfand.

Und dann gibt es ihn: Hans Eichel, unseren Liebling des Jahres, den Mann, der jede Woche eine neue Steuer und fünf dazugehörige Paragraphen aus dem Hut zaubert. Durch die neuen Sparbeschlüsse der Bundesregierung müssen die Verbraucher, also wir alle, zehn Milliarden zusätzlich an Herrn Eichel zahlen. Wir müssen uns wehren, denn wir haben viel zu verlieren.

Diese Gelder – und das ist der deutsche Irrsinn – stehen damit nicht mehr für den privaten Konsum zur Verfügung. Hier wird nicht nur Lebensqualität vernichtet, dieser Kurs ist auch volkswirtschaftlich Unsinn. Denn die Hälfte bis zwei Drittel dieser zehn Milliarden wären sonst in den Handel geflossen, wären ausgeben worden, hätten sich in Möbel, in Spielzeug, in Klamotten, in Reisen, okay, auch in Champagner verwandelt und hätten damit Nachfrage und Arbeitsplätze geschaffen.

Niemand weiß genau, wo die Schmerzgrenze der Bundesbürger liegt, vieles spricht dafür, dass sie im Chaos der Nachwahlmonate überschritten wurde. Die Stimmung der Verbraucher ist im Keller, die Leistungsbereiten resignieren nach dem Motto: Hier lohnt es sich eh nicht mehr zu arbeiten, Kapital wird vertrieben. Die Folgen sind gefährlich für uns, fatal aber für unsere Kinder. Die Abwärtsspirale dreht sich immer schneller. Denn auch für Eichelland gilt die volkswirtschaftliche Binsenweisheit, dass Steuererhöhungen mitnichten zu Steuermehreinnahmen führen. Im Gegenteil: Sie würgen die Konjunktur ab, vernichten weiter Arbeitsplätze und erhöhen dadurch wieder den Finanzbedarf der Sozialkassen.

Apropos Eichel: Haben Sie schon mal auf seine Krawatte geachtet? Glauben Sie mir, der Mann trägt häufig reinstes Gelsenkirchener Barock am Hals, 100 Prozent Seide? Warum bindet Deutschlands Sparminister wilde Ornamente statt der vorgeschriebenen Streifen von Ralph Lauren? Was will uns der Mann mit der Hemdbeflaggung sagen?

Hans Eichel hat einen Berater und ein Problem. Hans Eichel muss etwa dreimal die Woche erklären, warum er wieder mal weniger Geld hat, aber ganz dringend mehr braucht. Im Klartext: »Geld her, Patte rüber, Gürtel enger.« Der Mann will Geld, viel Geld, mein Geld, Ihr Geld. Er erklärt sich auf neun Fernsehkanälen, er verkündet neue Löcher und strahlt dabei. Er versucht uns, den lieben Zuschauern, verständnisvoll den Rücken zu kraulen, während er uns die Brieftasche klaut. Eigentlich sagt Hans Eichel, das alles geschehe nur zu unserem Besten. Die Leute sind nicht blöd, also glaubt ihm keiner. Da wahrscheinlich hatte der Berater die Idee mit der Krawatte.

Auf den Bildschirmen der Presseabteilung des Bundesministeriums der Finanzen erschien das magische Dreieck einer kommunikativen Situation der dritten Art. Eichel im TV: »… schließen wir auch weitere Erhöhungen nicht aus …« Er, im Sessel, öffnet den Mund, um zu schreien: »Ich weiß genau, was das heißt«, doch sie, auf der Couch, ist schneller: »Hey Mann, hast du die Krawatte gesehen, ist ja wohl nicht wahr, echt irre.« »The tie is the message«, oder: »Besondere Lagen erfordern besondere Binder.« Die Krawatte zieht den Hass auf sich. Nach einem etwaigen Rücktritt bräuchte Eichel nur die Krawatte zu wechseln und könnte sofort weitermachen. Finanzpolitik zwischen Voodoo und Versace. Je größer die Löcher, desto greller die Eichel'sche Seide. Ehrlicher wären Strickkrawatten, grobmaschige.

Es kann noch schlimmer kommen. Setzt sich die Eichel'sche

Krawattenlogik in Berlin durch, dann wird Ulla Schmidt bald ihre Zahlen in Netzstrümpfen verkünden. Sie kennen doch Frau Schmidt, die Dame mit der öligen Stimme im rheinischen Singsang. Mit ihr will der Kanzler die Pharmabranche schrecken. Achten Sie mal darauf: Schon bald wird sie Sonntagabend bei Sabine Christiansen mit dem ihr eigenen Esprit verkünden, dass Norbert Blüm Recht hatte und die Rente immer noch sicher ist. Außerdem wird sie darauf hinweisen, dass leider und völlig überraschend die Krankenkassen die Beiträge erhöhen müssten. Und sie wird Netzstrümpfe tragen. Wetten? Um eine Flasche Schampus natürlich.

Wenn der alte Satz gilt, jedes Land hat die politische Klasse, die es verdient, dann haben wir echt ein Problem. Ansonsten ist die Stimmung schlechter als die Lage. »Wir liegen planmäßig hinter unserer Planung zurück«, verkündet MAN-Vorstand Anton Weinmann, und spricht mit diesem Unsinn Millionen Deutschen aus der Seele. Und der Genosse Müntefering ist so lieb und erklärt, um was es wirklich geht: »Weniger für den privaten Konsum – und dem Staat das Geld geben.« Danke, Herr Müntefering, das war wenigstens einmal Klartext.

Aber, wir haben in 16 langen Kohl-Jahren gelernt: Auf den Kanzler kommt es an. Nur, wo ist der? Oder besser: Wofür steht er? Gerd Schröder ist der erste Kanzler mit einer eigenen Nummer-eins-CD, aber das war es dann auch schon. Wo blieb nach gewonnener Wahl der Durchmarsch der Reformer? Statt klarer Linie gab es Zick-Zack pur. Erst mutierte der Cohiba paffende Genosse der Bosse zum großen Gewerkschaftsfreund, dann folgt unter dem schicken Kürzel Agenda 2010 die halbherzige Kehrtwende. Die gewerkschaftlichen Besitzstandswahrer rüsten unter der Führung der Mutter aller Betonköpfe Ursula Engelen-Kefer zum letzten Gefecht. Schröder wirft sein Brioni-Jacket hinter sich und kämpft als Großer Vorsitzender um die Mehrheit in der SPD.

Apropos Großer Vorsitzender: Ist das Land wirklich so schlecht wie sein Personal? Es scheint so, denn wie sonst wäre zu erklären, dass die Union mit Edmund Stoiber in den Wahlkampf ging. Jemand, der jeden morgen vor Millionen Hörern in der *Gerd Show* mit »Na, Edi, alte Kalkleiste!« begrüßt wurde, der hatte nie eine Chance. Nach 16 Jahren Helmut Kohl waren die Deutschen noch nicht reif für den nächsten Großvater im Kanzleramt. Überhaupt ist es Teil des deutschen Dilemmas, dass eine vernünftige Wirtschaftspolitik scheinbar nur im kulturellen Schlagschatten bayerischer Kirchtürme zu haben ist. Das aber ist für viele nördlich von Unterhaching immer noch ein zu hoher Preis. Die Union muss deutlich mehr als nur Angela Merkels Frisur verändern.

Wir hatten im vergangenen Jahr 37 700 Firmenpleiten und leisten uns trotzdem eine Arbeitsstättenverordnung mit 8990 Einzelbestimmungen. Bei uns regeln immer noch Flächentarifverträge zentral die Temperatur der gefilterten Umluft von Betriebstoiletten. Das ist die Lage im Land, alle wissen Bescheid. Und keiner tut was.

Es geschah im zweiten Teil der Ära Schröder/Eichel, etwa drei Monate nach deren Wiederwahl. Eine Blondine bekennt öffentlich, was sie geil macht: Geiz ist geil! Der Werbespruch sitzt, genauso wie der rappende Kanzler aus der *Gerd Show*, auf die Generation Golf folgt die Generation Geiz. Geil.

Der Werber, der die geile Geizige erfand, wischt sich den Angstschweiß von der Stirn. Zwar hat er jetzt die scharfe Saturn-Brünette mit den stahlblauen Augen, dafür aber hat er zehn andere Etats verloren. Deutschland 2003, die Einschläge kommen näher. Noch sind die Wall-Street-Cafés und StarBucks-Filialen im Frankfurter Bankenviertel gut gefüllt, aber einige der jungen Herren im dunkelblauen Vierknopfeinreiher sind ihren Job schon los oder werden ihn bald verlieren.

Die Damen und Herren mit den wirklich großen Portemonnaies, die brauchen sich keine Sorgen zu machen. Wer eine eigene, ganz private Steuervermeidungsdivision beschäftigen kann, der lacht über Eichels und Ulla Schmidts Folterinstrumente. Es reicht der Wink mit dem Bundesverfassungsgericht und der obligatorische Hinweis auf die Beschaffenheit der Scheine – Geld ist ein flüchtiges Ding. Die Debatte um eine Vermögenssteuer für die wirklich Reichen war schnell beendet. Gut so, schließlich beginnt für viele sozialdemokratische Traditionspfleger echter Reichtum schon beim Trinken von Champagner und dem Besitz eines Dreier-BMWs mit Lederausstattung. Ausgenommen natürlich Dienstwagen verdienter Genossen. Aber das sind in der Regel auch keine Dreier. Ein politisch korrekter V12-Phaeton von VW sollte heute schon drin sein.

Deutsche Steuergerechtigkeit heißt, Finger weg von denen ganz oben. Das heißt aber auch, den Leuten, die häufig seit Generationen ganz gut von Stütze und Schwarzarbeit leben, denen darf unter keinen Umständen etwas genommen werden. Schließlich gibt es ein vererbbares Gewohnheitsrecht auf bezahlte Nichtarbeit, und nur ein unsozialer Turbokapitalist möchte an diesem lieb gewonnenen urdeutschen Brauchtum etwas ändern. Wer also zahlt, sind wir – die Blöden. Wir, die stolze neue Mitte, alle die, die gelernt haben, ihren Lohnzettel in drei Etappen zu lesen:

Schritt 1: Bruttobetrag lesen und freuen
Schritt 2: Einen Grappa bestellen
Schritt 3: Lupe nehmen und den Nettobetrag suchen.

Aber: Wir werden hier nicht jammern. Im Gegenteil! Wir werden nicht in diesen so unglaublich deutschen Jammerchor einstimmen, der doch nur dazu beiträgt die allgemeine Mutlosigkeit bis zur nächsten Wahlschlacht zu verlängern. Wir klagen nicht, wir wehren uns dort, wo es zählt – im Alltag. Wir werden Dampf ablassen, aber wir werden dabei nie die gute Laune verlieren.

Dieses Buch zeigt Wege, wie man auch in der Krise auf verdiente Standards nicht verzichten muss. Wir haben nicht den Ehrgeiz, Ihnen zu zeigen, wo es den billigsten Lachsersatz mit abgelaufenem Haltbarkeitsdatum gibt. Aber wir werden zeigen, wie die neue Mitte sich ihr Leben in Armut auf hohem Niveau geschickter organisieren kann.

Im Internet ist man am weitesten vom Jammern entfernt. Im Internet wird sich gewehrt, hier ist ein Stück Konsumentendemokratie verwirklicht worden – wir zeigen die besten Seiten, Tipps und Hintergründe.

Kreatives Shoppen ist machbar, Frau Nachbar! Und man kann in deutschen Innenstädten stilvoll essen, ohne beim überall gleichen Nobelitaliener acht Euro für eine Flasche San Pellegrino zu lassen. Wir sagen, worauf man achten sollte.

Wir werden ungewöhnliche Verbündete feiern. Wenn mir mein eigener Finanzminister den Krieg erklärt, darf ich dann Hilfe aus Bosnien und Polen in Anspruch nehmen?

Okay, Schwarzarbeit killt Jobs, aber wie zum Teufel sollen wir ohne Schwarzarbeit unser Badezimmer gefliest, unser Parkett verlegt bekommen, ohne dafür gleich Omas Ersparnisse zu verschleudern? Auch wenn jetzt der DGB und die Handwerkskammern den Exorzisten rufen, viele Aufträge an Schwarzarbeiter sind Akte reiner Notwehr.

In der häuslichen Altenpflege hätte ohne die illegalen Helferinnen längst der nationale Notstand ausgerufen werden müssen. Das Buch liefert praktische Tipps.

Es ist ein Treppenwitz der Weltgeschichte, dass wir ausgerechnet jetzt von den Schotten lernen sollen, gerade jetzt, also genau zu dem Zeitpunkt, zu dem Berti Vogts Trainer der schottischen Nationalmannschaft ist. Frage: Kann man ernsthaft von Leuten lernen, die sich von Berti Vogts Fußball beibringen lassen müssen?

Wie sich die Zeiten ändern: Sein »Maßhalten« machte Ludwig Erhard in den 50er Jahren berühmt. Heute würde der Einzelhandelspräsident einen Politiker mit dieser Losung auf der Stelle für unzurechnungsfähig erklären lassen. »Greed is good« war Michael Douglas' Devise, als er in *Wall Street* einen Finanzdesperado in gestreiften Hosenträgern gab. Habgier ist gut – der Satz beschreibt die Gefühlslage der 80er.

Und heute? Geiz ist geil – das ist der Spruch für unsere Zeit! Allerdings gibt es noch ein Zitat, das die derzeitige rot-grüne Finanzpolitik recht gut beschreibt: »Noch nicht reif und doch schon faul ...«, schrieb einst Graf Mirabeau und meinte damit nicht Gerhard Schröder. Seit der Wahl wartet das Volk auf die »Wende«, auf das Machtwort des Kanzlers, stattdessen gab es Heißluft auf Raten. Versprochen war, den Faktor Arbeit zu verbilligen, stattdessen steigen die Lohnnebenkosten. Von jedem Euro, den wir in Deutschland verdienen, kassiert der Staat locker 50 Cent – und doch klaffen ständig neue Milliardenlöcher in den Sozialkassen. Die Schere zwischen Brutto und Netto wird immer absurder und im Bekanntenkreis die Witze immer zynischer. Die Bankzinsen für die noch lange nicht abgezahlte Wohnung drücken, und das Auto droht schon wieder mit neuen Kosten.

Zu den zehn Milliarden, die durch die Steuererhöhungen dem privaten Konsum entzogen werden, kommen weitere 16 Milliarden, die durch die Erhöhungen der Krankenversicherungs- und Rentenbeiträge aufgebracht werden müssen. Zusammen sind das also 26 Milliarden Euro, die im Jahr 2003 von uns, den Bürgern, der staatlichen Umverteilung abzuliefern sind. Wie gesagt, die ganz Reichen haben es besser, immerhin fast 8000 packten im Jahr 2001 die Louis-Vuitton-Koffer und zogen in die glückliche Schweiz. Die Zahlen dürften nochmal gestiegen sein.

Nochmal: Zum Mann des Jahres küren wir den Krawattenpionier Hans Eichel. Eigentlich wollten wir ihn bitten, die Schirmherrschaft über dieses Buch zu übernehmen. Denn ohne ihn gäbe es dieses Buch nicht.

Versprochen: Wir werden beim Schimpfen nicht die gute Laune verlieren. Wir wollen keine Yuppiedemonstration mit Sushistäbchenschlagen und Brilligerassel organisieren. Wir wollen clever und manchmal auch etwas subversiv auf die Angriffe von Finanzminister Eichel & Co. reagieren. Clever durch die Krise, nicht schmallippig geizig, sondern lebenslustig, konsumfreudig und top informiert.

Wir müssen sparen, schließlich wollen wir uns weiter unsere Getränke leisten können. Ich trinke für mein Leben gerne Champagner. Nur eiskalt muss er sein.

2 Dagobert Duck und der 3-Liter-Lupo oder: *Warum Geiz nicht geil, Sparen aber sexy ist*

Sie kennen Dieter Bohlen, Gerhard Schröder, Rudi Völler und die Spielregeln von »Wer wird Millionär?«

Die 1000-Euro-Frage, ob *Ejaculatio praecox*

A. ein italienischer Sänger
B. ein vorzeitiger Samenerguss
C. eine mexikanische Vorspeise oder
D. ein Buch über den neuen Markt

ist, hätten Sie spielend, und ohne den Publikumsjoker zu verschwenden, richtig beantwortet.

Aber, Hand aufs Herz, was halten Sie von dieser Frage: Was ist die »Lust der willkürlichen Retention»? Ein Tipp: Es handelt sich nicht um eine orgiastische Lustverlängerungsmethode, tut mir Leid, es ist viel ernster.

Im Jahre 2003 klärt das Feuilleton der *Frankfurter Rundschau* diese brennende Frage und zeigt knallhart, wo es lang geht: »Man wandelt durch die Warenwelt und lässt sich von ihren Liebesblicken verlocken und sagt immer wieder im letzten Augenblick: ›Nein.‹«

Das, so die *Rundschau*, ist die Lust der willkürlichen Retention.

Und der erregte Feuilletonschreiber adelt ein paar Zeilen weiter den Geilen-Geiz-Stabreim der Werber als »Signatur des neuen Zeitalters«.

Geiz ist geil – das Feuilleton zieht den Hut und verkündet auch gleich mal vorsichtshalber das Ende des Konsumismus.

Klingt gut, aber wenn Sie mich fragen: Ein Typ, der so etwas schreibt, hat keine Ahnung, weder von Sex noch von gutem Shoppen.

Die Lust der willkürlichen Retention, das wäre die endlose Vorlust, das wäre Selbstkasteiung, das ist Unsinn, das ist intellektuelle Dauerwelle auf einer Vollglatze.

Ich brauche keine neue Religion, ich will in Ruhe einkaufen.

Ich will meinen Schampus trinken und habe keinerlei Intentionen, eine Reinkarnation von Dagobert Duck zu werden.

Eigentlich ist »Geiz ist geil« ein ziemlich blöder Slogan, ich finde Geiz überhaupt nicht geil, ich kokettiere mit dem Geiz, ich spiele mit ihm. Mehr nicht, basta. Die richtig Hard-Core-Geizigen waren mir nie sympathisch.

Ich verstehe Sparen als Notwehr, als subversiven Akt gegen staatliche Gängelung, und erlebe staunend, wie Journalisten sich zu Überschriften wie »Die Magie des Billigen« und »Die neue Bescheidenheit« steigern.

Mittlerweile beginnen Theologen, Psychologen, Pädagogen und andere Schönschreiber Kübel voller Deutungen über die neue Sparsamkeit auszugießen. Wir suchen keinen neuen Lebenssinn, wir sind weder Partei noch Bürgerinitiative, wir wollen keine öffentlichen Verbrennungen unschuldiger Kreditkarten, wir haben nur eine Regierung, die uns zum Sparen zwingt.

Apropos Dagobert Duck, die alte Ente mit Bratenrock und Zylinder, der erfolgreichste Geizkragen aller Zeiten, genau der offenbart doch das wirklich Unsympathische an den Geizhälsen. Wenn Dagobert in den Geldspeicher springt, um in seinen Goldtalern zu baden, wenn er seine Scheinchen liebkost, seine Geldstücke tätschelt, dann erleben wir Geizenten-Erotik pur und Sigmund Freud klatscht wissend Beifall.

Während der 68er Studentenbewegung beschäftigten sich einige der mittlerweile ergrauten Revolutionäre auch mit den Klassenkämpfen in Entenhausen. Sie erkannten in Dagobert den »idealtypischen Vertreter einer lebensfeindlichen kapitalistischen Ethik, dessen Liebesfähigkeit von den Menschen weg zu den Sachen hin pervertiert ist«.

Alles klar, oder? Der Typ ist in seinen Geldschrank verliebt, und wenn er sich einige Stunden auf der Couch gegönnt hätte, dann hätte ihm Dr. Sigmund Freud die Sache mit dem Analcharakter erklärt. Knauserig, übertrieben ordentlich, egoistisch – so beschreibt der Doktor Geizhälse.

Ich persönlich verstehe wenig von Psychoanalyse im Allgemeinen und der analen Phase im Besonderen, aber schon als Kind hasste ich die Haushaltsbücher meiner Mutter.

Eigentlich waren es keine Bücher, sondern kleine Rechenhefte, kariert, die dann Kästchen um Kästchen mit ihrer kleinen ordentlichen Schrift in Bleistift ausgefüllt wurden.

Einnahmen, Ausgaben, fein säuberlich gelistet, nichts wurde vergessen, kein Betrag war zu klein. Nur wenn Kirmes war, unterschlug meine Mutter die paar Mark, die sie uns Kindern zusteckte.

Manchmal denke ich, dass es die Haushaltsbücher meiner Mutter waren, die mich ins Unglück stürzten, die mich zum Verschwender werden ließen.

Ich konnte diese kleinkarierten Heftchen echt nicht ausstehen. Also machte ich das genaue Gegenteil und brauchte eine Weile, bis mir klar wurde, dass es zwar platzsparend, aber doch ziemlich idiotisch ist, keinerlei Kontoauszüge aufzubewahren.

Ein Promi, der als richtig fies geizig entlarvt wird, der hat ein Imageproblem. Vor einigen Jahren sandte der *Daily Mirror* an bekannte Briten jeweils 12 Pfund mit der Bemerkung, dies sei eine Anerkennung für ihre Leistungen. Alle Angeschriebenen spendeten das Geld an wohltätige Stiftungen. Nur einer bedankte sich und sackte die Patte ein – Mister Mick Jagger, der völlig verarmte Sänger der Stones.

Richtig beliebt waren die Geizhälse eigentlich noch nie.

In der Antike waren Geiz und Habsucht – *philargyria* und

pleonexia – sozial geächtet. Der Versuch, ein Vermögen anzuhäufen, galt als Verstoß gegen die Gleichheit der Menschen.

Das Christentum listet Geiz, ganz ohne das Attribut geil, unter die Sieben Todsünden: Hoffart, Neid, Zorn, Geiz, Wollust, Trägheit und Völlerei. Mal abgesehen von der Wollust könnte ich gut ohne die andern leben.

»Geizhälse sind die Plage ihrer Zeitgenossen, aber das Entzücken ihrer Erben«, sagt Theodor Fontane, und wer will einem deutschen Dichter schon widersprechen.

Trotz gut geführter Haushaltsbücher gab es bei uns leider nichts zu erben.

Sie kennen Peter Struck, den Glatzkopf mit Pfeife, den Motorrad fahrenden Verteidigungsminister. Der hat die Zeichen der Zeit erkannt.

Während sein Vorgänger Scharping sich noch zum Einkleiden auf die edle Frankfurter Goethestraße einladen ließ, zeigte Peter Struck neulich seinen Instinkt für Schnäppchen. Er wurde im Duty Free Shop des italienischen NATO Kontingents in Pristina, Kosovo, gesichtet, als er versuchte, für 49 Euro ein Paar Kommandostiefel zu ergattern.

Kompliment für den Minister, er hat Geschmack, er kauft italienische Stiefel für sein Bike – und er ist clever, er kauft Qualität da, wo sie billig zu haben ist.

Pech für ihn: Seine Größe war nicht vorrätig.

Lassen Sie uns über Monsieur Harpagon sprechen, jenen hässlichen alten, geldgierigen Kerl, mit dem Molière den Geizigen endgültig als verächtlichen Charakter festschrieb.

Es ist wahrscheinlich nur ein Zufall, dass ausgerechnet die ach so verschwenderischen Schwaben sich so sehr für Molières Geizigen begeisterten, dass ihr berühmter Mundartdichter Thaddäus Troll das Theaterstück ins Schwäbische übertrug. Aus Monsieur Harpagon wird Karl Knaup, ein schwäbischer

Unternehmer der Gründerzeit. Glauben Sie mir, der Mann ist alles andere als geil.

Es gibt Filme, die haben bei ARD und ZDF garantierte Sendeplätze. Kein Silvester ohne *Dinner for one*, samt Tiger und Miss Sophie, keine Vorweihnachtzeit ohne eine Verfilmung von Charles Dickens' *Weihnachtslied*. Jahr für Jahr erleben wir zutiefst gerührt, wie ein geiziger Geldverleiher zu einem guten Menschen wird, und das auch noch am Heiligen Abend.

Wer mit solchen Filmen aufwuchs, der hatte schnell gelernt, dass Geizhälse nicht in den Himmel kommen.

Blättern Sie auch gerne in alten Fotos? Vergleichen Sie mal Ludwig Erhards Art, eine Zigarre zu rauchen, mit der von Gerhard Schröder.

Erhard, das war die spießige Sparsamkeit der jungen Bundesrepublik. Schon als kleinem Jungen hatte man ihm die damals gültige Grundregel der Wirtschaft eingeschärft: »Bub, gib nie mehr Geld aus, als du verdienst.«

Wer so erzogen wurde, der musste fast zwangsläufig am 19. 10 1955 die Deutschen in einer historischen Rede zum »Maßhalten« aufrufen.

Heute wäre Maßhalten mit weitem Abstand zum Wort oder besser noch zum Unwort des Jahres gewählt worden. Damals gab es nur dumme bayrische Bierzeltwitze – welche Maß man denn jetzt halten sollte? Kanzler Erhard forderte seinerzeit dazu auf, Egoismus und Materialismus im Wirtschaftsleben zurückzudrängen. Das Land brauche Orientierung und eine stabile Währung. Der private Konsum solle nicht zu schnell wachsen, sonst drohe Inflationsgefahr. Der Mann hatte Sorgen.

Heutzutage müssen wir aufpassen, dass unsere sehr verständliche private Konsumzurückhaltung nicht zur Wirtschaftskrise beiträgt.

Aber der gute alte Kanzler Erhard hat Spuren im kollektiven

Gedächtnis der Deutschen hinterlassen, immer noch ist die Sparquote in Deutschland fünfmal so hoch wie in den USA.

Allerdings, zu diesem Goldschatz in Strümpfen und auf Sparbüchern dürften vor allem die Zeitgenossen des seligen Kanzlers Ludwig Erhard beitragen, die inflationsgeschädigten, ondulierten Omas, die Opas mit Hut und Weltkriegsangst.

Bei den Jüngeren sah es anders aus, die Leute haben zum Teil heftig über ihre Verhältnisse gelebt. Wer sich in Schuldnerberatungsstellen umhörte, der bekam klare Antworten: 51 Prozent aller Singles und kinderlosen Paare sagten, sie hätten deutlich zu hohe Ausgaben, vor allem für Freizeitaktivitäten. Von den 16- bis 29-Jährigen, so glauben Experten, sei jeder vierte extrem verschuldet.

Sparen war was für die Alten, wer Power hatte, der wollte viel verdienen und vor allem viel ausgeben.

Es war die Umweltdebatte, die erstmals Sparen zum modernen, fortschrittlichen Begriff machte.

Nicht Geiz ist geil, sondern Sparen ist sexy.

Energie sparen, Ressourcen schützen, auf Erneuerbarkeit achten. In der Ökologiedebatte standen plötzlich Verschwender am Pranger und aus weniger wurde mehr. Das Prinzip Sparen hatte die gemütlichen Hinterzimmer der Müslifraktion verlassen und kam mitten in der Gesellschaft an.

Ein unscheinbarer Lupo, schwarz lackiert, aber mit dem grünen 3-Liter-Zeichen am Heck, wurde zum scharfen Auto, der Nachbar mit tiefer gelegtem Spritfresser vor der Tür geriet auf der Party unter Erklärungszwang.

Im Vergleich zu den stupiden 8-Zylinder aus den USA waren die kleinen deutschen Modelle echte High-Tech-Teile mit eingebauter *political correctness.*

In den innerstädtischen Altbauvierteln deutscher Metropolen baute man die Dächer um, und immer mehr Solaranlagen wuchsen in unseren grauen Großstadthimmel.

Sparen ist clever, ist sexy.

Würden wir alle begreifen, dass man mit der Fernbedienung am Abend die liebe Glotze nicht ausschalten kann, sondern das arme Gerät nur in den Stand-by-Modus versetzt, dann hätten wir alle was davon. Aufstehen, richtig ausschalten – Sie sparen Geld, das Sie dringender brauchen als eon oder Ihre Stadtwerke, und in Deutschland könnte man nur durch diese undramatische Sparaktion ein Kernkraftwerk abschalten.

Wäre doch was.

Die neue Sparsamkeit hat nichts mit altem Geiz zu tun.

Wie viele gute Ideen, so kam auch die neue Sparwelle aus den Staaten. Im Juni 1990, als noch kein Mensch an George W. dachte, herrschte in Amerika Rezession, und prompt erschien drüben zum ersten Mal eine Zeitung mit dem Namen *The Tightward Gazette* – das Knauserer-Blatt, die erste Zeitung der neuen Sparbewegung.

Sparsamkeit, so die amerikanischen Freunde, ist ein realisierbarer alternativer Lebensstil.

Denken Sie bitte beim Wort alternativ nicht gleich an Wollstrümpfe und Sonnenblumenfähnchen. Von der oft verspotteten Müslifraktion können wir alle durchaus lernen, ohne allerdings die Innerlichkeit und den ideologischen Ballast gleich mit einzukaufen. Vernetzen wir uns, sparen wir mit Spaß und setzen wir auf Nachbarschaftshilfe. Wir können anfangen, einfache Reparatur- und Wartungsarbeiten nachbarschaftlich zu organisieren. Zusammen schraubt sich leichter, einer weiß immer, wie es geht, man kann Tauschbörsen aufbauen: »Ich helfe dir bei Computerproblemen, wenn du mir mein Fahrrad reparierst.«

So kann eine Do-it-yourself-Kommunikation entstehen, die uns allen sparen hilft, die aber auch neue Beziehungen in der Nachbarschaft aufbaut. Und wenn die Jobs erledigt sind, machen wir zusammen eine Flasche auf.

Weniger ist mehr, lehren die Ökologen, man kann manche Geräte auch im Pool anschaffen. Keine Angst, wir wollen niemandem ein Car-sharing-Modell aufzwingen, obwohl bei der Höhe des Spritpreises die Idee immer attraktiver wird. Aber auch weniger stark benutzte Geräte wie Staubsauger oder Rasenmäher lassen sich problemlos gemeinsam anschaffen und von mehreren Familien benutzen.

Halten wir fest: Alter Geiz und neue Sparsamkeit sind zwei Paar Schuhe.

»Geiz ist geil« ist nicht die Signatur des neuen Zeitalters, sondern nur ein Werbespruch, aber ein ziemlich guter. Die Signatur des neuen Zeitalters wird noch gesucht, wir alle sind aufgefordert sie zu finden.

Sparen und Spaß haben, das muss zusammengehen.

Wenn das dann noch geil macht, umso besser.

3 Was Werber geil macht

Irgendwie habe ich immer geglaubt, Werbung habe die verdammte Pflicht und Schuldigkeit, mir Lust auf Konsum zu machen. »Nogger dir einen!«, das war noch ein Spruch! Gerne erinnere ich mich da an eine Blondine, die sich genüsslich ein Eis am Stil reinzieht, als wäre sie Praktikantin in Bill Clintons »Oral Office«. Das machte zumindest Lust auf Ice Cream!

Und dann gab es einen dicken Schauspieler, der sich an einem Hummer zu schaffen machte und dann in die Kamera prostete: »Man gönnt sich ja sonst nichts.« Es ging, glaube ich, um irgendeinen Klaren, der eiskalt getrunken werden muss. Ich trinke selten klare Schnäpse, aber der Spruch war gut. Er war gut, weil jeder wusste, dass er gelogen war. Denn Günther Strack, er war der Charaktermime dieses Werbespots, sah einfach so aus, als gönne er sich den ganzen Tag sehr Kalorienreiches. Und den Schnaps noch obendrauf.

Das war Genießerwerbung.

Heute muss ich mich mit einer grell geschminkten Dame anfreunden, die mit stechenden Augen verkündet, was sie geil macht. Die Herren vom Feuilleton küssen ihr dafür die Füße und die Trendforscher überschlagen sich vor Begeisterung. Selten ist es Werbern mit einem Slogan so gut gelungen, eine Zeitstimmung auf den Punkt zu bringen.

Geiz ist geil – ein nettes Wortspiel mit harten Konsequenzen.

Deutschland 2003: Willkommen in der schönen neuen Sparwelt.

Auch die Werbung hat kurzfristig Schotten und Schwaben zu den Leitfiguren dieser leidvollen Jahre erklärt. Hartes Schicksal für alle, die in glücklicheren Zeiten ein bisschen Spaß an der

Werbung und mit den Werbern hatten. Vorbei die Zeiten, in denen die Agenturen so richtig klotzten. Vorbei die Partys mit Claudia Schiffer in Hollywood, vorbei die Tage, als in Frankfurt, Düsseldorf und Hamburg noch die Puppen tanzen durften. Vorbei die obligatorischen Kaviarhäppchen und die Erlebnisgastronomie. Deutschland im Geizrausch, und die Werber sparen mit.

Sie haben auch allen Grund dazu, denn ihre Geschäfte laufen schlecht.

Momentan sieht es fast so aus, als reite die Werbebranche an der Spitze der Sparwelle, sie scheint die neuen Leitbilder zu setzen. So schnell wie die neue Sparsamkeit von den Profis der Agenturen vereinnahmt wurde, werden sonst nur neue Jugendsubkulturen von der Musikbranche eingemeindet. Mit der – wir grüßen das Feuilleton der *Frankfurter Rundschau* – »Signatur des neuen Zeitalters: ›Geiz ist geil‹« setzten sich die Erfinder der Kampagne, Herr Jung und Herr von Matt aus Hamburg, das große Spar-Denkmal. Oder besser: Wir verleihen beiden die Rabattmarke in Gold mit Stern und Schulterband.

Für diesen griffigen Spruch haben sich die Kreativen der Hamburger Agentur über Wochen das Hirn zermartert.

Zum Arbeitsthema »Sparen macht Spaß« haben die klugen Köpfe der Agentur, die viele für die kreativste in Deutschland halten, dann 500 Varianten entwickelt.

Einer der Kreativen aus dem Team erinnert sich: »Als wir die Idee entwickelten, war die Sparhysterie noch nicht richtig ausgebrochen, sie flammte gerade erst leicht auf, und hier hatten wir glücklicherweise die Nase ganz vorn gehabt, unser Bauchgefühl hat gestimmt. So ein Titel muss heute provozieren«, meint Bent Rosinski von Jung von Matt, und liegt damit offensichtlich richtig.

Nur nach zähem Ringen bekam Jung von Matt den Zuschlag, der Kunde bekam kalte Füße, konnte sich zunächst nicht für die Kampagne entscheiden, zu provokativ, zu forsch. Doch wer dann auch immer im Vorstand von Saturn Hansa den Mut aufbrachte, sich doch noch für den geilen Geiz zu entscheiden – der Mann lag richtig.

Die Intellektuellen der Republik brachen in Begeisterung aus. Aus einer schnöden Kampagne wurde Kult, und der Dank der Schnäppchenjäger ist ihm gewiss.

Bei so viel Begeisterung störte es dann auch nur noch ausgemachte Nörgler, dass die geneigten Konsumenten die ganze Kampagne nicht Saturn Hansa, sondern den Blödmännern vom Media Markt zurechneten. Warum? Ganz einfach: Von denen ist man aggressive, knallige Werbung schließlich gewöhnt. Eigentlich ein Super-GAU für eine Agentur, tödlich für eine Kampagne, wenn der ganze schöne Presserummel einer anderen Marke gutgeschrieben wird.

Aber man sieht es locker, und man kann es wohl auch. Denn die großen Konkurrenten, die geilen Geizigen und die Blöden, Saturn Hansa und Media Markt, gehören beide zum selben Konzern, beide gehören Metro.

Die sind doch nicht blöd, oder Geld ist geil.

Ganz egal, wo Sie glauben, Ihr Schnäppchen zu machen, es klingelt dieselbe Ladenkasse. Alles bleibt in der Familie, alles unter einem Dach.

Eigentlich braucht und sucht Werbung ein konsumfreudiges Umfeld, der ideale Verbraucher ist der Big Spender. Und dann: Geiz ist geil! Die Kampagne ist ein Flirt mit dem bösen Feind, ist gefährlich, denn hier wird der Knauser, der Anti-Konsument zum Kult ausgerufen.

Die Kampagne der Hamburger Kreativagentur Jung von Matt ist knallig, auffällig, bringt den Zeitgeist auf den Punkt und gleicht doch einem Ritt auf dem Tiger.

Ein schneller Erfolg, aber wie lange kann sich Werbung diese Art von Kampagnen, die Geiz als gesellschaftliches Ideal setzen, noch leisten? Denn, um es klar zu sagen, fürchten Werber Geiz und Konsumverzicht mindestens so sehr wie der Teufel das Weihwasser.

Fakt ist: Gerade die Agenturen, die Werber und alle Freien, die an ihnen dranhängen, gehören zu den großen Verlierern der Krise. Wenn in der Industrie Flaute herrscht, wenn die Konzerne sparen, dann geht's der Werbung an den Kragen, dann schrumpfen die Etats, und zwar heftig. Das aber heißt für viele Agenturen: Nullwachstum, Rückkehr zum Kerngeschäft, zur klassischen Werbung.

»Die simple Wahrheit«, so Lothar S. Leonhard, ehemaliger Werberverbandspräsident, »dass Werbung vor allem verkaufen muss, wird wieder zum Credo der Branche.«

Eher rückläufig sind deshalb die so genannten »nice to have«, das ganze verschnörkelte Drumherum. Trendforschung, ein Schönwettersegment, brauchen wir das wirklich? Also weg damit. Events werden zurückgeschraubt, und viele Firmen verabschieden sich aus dem Sponsoring.

»Zurück zur Markenführung«, ruft Volker Schütz, der Chefredakteur der Werberfachzeitung *Horizont.* Starke Marken wie z.B. Nivea oder Mercedes Benz sind Paradebeispiele für Marken, in die großes Vertrauen gesetzt wird. Und Vertrauen ist viel Geld wert in diesen Zeiten. Bröckelt der Vertrauensbonus für Politik und Politiker, dann braucht der verunsicherte Konsument andere Versprechungen, an denen er sich festhalten kann.

Machen wir uns nichts vor: Werber wollen nicht, dass wir sparen. Werber wollen, dass die Kasse glüht.

Der Subtext von »Geiz ist geil« aber ist Konsumverzicht, ist der kritische Kunde. So hat die Hamburger Staragentur zwar einen geilen Etat gewonnen, ist aber vielleicht dabei, sich mit dieser Kampagne langfristig selbst abschaffen.

Also, Herr Jung und Herr von Matt, Sie zocken hoch. Ihr Sieg von heute könnte der Bote der Niederlage von morgen sein.

Denn grade für die Werbung gilt das volkswirtschaftliche Einmaleins. Wer kein Geld ausgibt, kurbelt auch die Konjunktur nicht an! Warum also sparen wir nicht die ganze Werbung ein? Eine coole, geizige Idee, oder? Wir brauchen keine flotten Sprüche, wir lernen von Aldi. Aldi wirbt nicht! Ein Flyer mit den Schnäppchen der Woche reicht, dafür brauche ich – aus deren Sicht – keinem Kreativen einen 911er zu finanzieren.

Für alle bürgerlichen Dezentsparer ist die geile Geizwelle ein prolliger Horror. Zum einen fühlt man sich ertappt. Ertappt dabei, über Jahre Geld einfach lustvoll verbraten zu haben. Sehen, kaufen, einpacken, eine Lebensphilosophie, mit der man bisher ganz glücklich gelebt und überlebt hat. Klar, an der Grenze des Dispos lebt es sich gewagt, aber dafür auch ganz happy.

Wir dürfen nie den Irrtum begehen und in der Werbung einen Verbündeten in der Sparschlacht der nächsten Jahre sehen. »Geiz ist geil!« – der Spruch soll Fernseher, DVD-Player, Digitalkameras und andere Nettigkeiten verkaufen. Die derzeit prominenteste Geizige der Republik hilft uns aber nicht in unseren Kämpfen mit der Steuer, mit den steigenden Preisen und dem Euro. Den Alltagskampf ums liebe Geld müssen wir schon selber gewinnen. Fangen wir an.

4 Rucola, Scampi und San Pellegrino
Der Metropolenführer für Krisenzeiten

Es war ein richtig tolles Silvester, nicht dieses, nein, das von 2001/2002.

Unvergessen: der 1. Januar 2002! Am Bankautomaten gab es die ersten druckfrischen Euroscheinchen. Ich fand den Euro super, eine Währung von den Stränden Fuerteventuras bis zur Tiroler Seilbahn, tolle Sache.

Ein paar Tage später, es ist Samstag. Ausschlafen, dann sind die üblichen Einkäufe angesagt. Vom Toilettenpapier bis zur Gemüsesuppe, die brave Hausfrau und berufstätige Gattin darf dies für den strapazierten Ehemann erledigen. Als Entschädigung gibt's schließlich den traditionellen Samstagsmittagstratsch mit Freundin Uschi beim Italiener.

Heute zum ersten Mal mit neuer Währung, wir hatten blitzeblanke Euros im Portemonnaie, das ganz neue Geldgefühl.

Entspannt betrete ich mit meiner Freundin unser Lieblingsnachbarschaftsrestaurant. Das Ambiente: modern anmutend, mit beigen Holzstühlen und Tischen auf hellen Fliesen, die rot karierten Tischdecken zaubern ländliches, toskanisches Flair in den hellen Raum. Herzlich wie immer werden wir von Luigi und Giuseppe begrüßt. Gerne kommen wir immer wieder hierher, jeder schätzt seinen preiswerten Stammitaliener mit Familienanschluss und persönlicher Begrüßung und Verabschiedung.

Schön, dass man unsere Bestellung schon erahnt: die Lieblingspizza mit Rucola für mich und für Uschi die Rigatoni mit frischen Tomaten und Zwiebeln. Endlich ratschen und genießen! Unsere Themen heute: dass Jessica einfach zu dünn ist und wir zu fett, dass Rita dringend mal zum Friseur müsste und bei Kosmetik ab vierzig nichts mehr Luxus ist. Auch das sollte sich Rita mal zu Herzen nehmen. Okay, das sind nicht unbedingt Dinge, die die Welt bewegen, es sind, zugegeben, eher Banalitäten, aber manchmal muss es eben Tratsch sein. Was soll's? Es ist einfach schön – statt über den Job oder irgendeine Kunstausstellung zu plaudern – ein kleines bisschen abzulästern.

Die Pizza an jenem ersten Samstag »nach Euro« schmeckte gut wie immer und beim Klatschen half uns ein kleiner Prosecco. Wir lachten über ein rattenscharfes Tanzfoto einer blonden ARD-Moderatorin mit einem regierenden Wowereit, wir fanden es gut, dass da mal ein Politiker den Genießer raushängen lässt.

Warum eigentlich soll ein Politiker nur vergrämt die letzten Pressemeldungen vortragen und nicht auch ein wenig Spaß am Leben haben? Wohin Anti-Genusshaltung führen kann, haben wir schon beim Ex-Traumpaar Hillu und Gerd gesehen. Jedem seine Bratwurst! Darauf tranken wir einen Latte Macchiato.

Gut gesättigt und zufrieden wollten wir zahlen. Erst gab es einen Grappa und einen Ramazotti aufs Haus. Dann blickte ich auf *il conto*, stutzte, erinnerte mich an das neue Geld und begann wie wild mit zwei zu multiplizieren.

Meine Lieblingspizza mit Rucola und Parmaschinken, die immer für 7 Deutsche Mark serviert wurde, stand jetzt mit stolzen 7 Euro auf der Rechnung, super! Dazu mein gewohntes Wasser 1,80 und ein Latte Macchiato 2,30 Euro, der Prosecco 3,50 Euro, früher 3,50 Mark.

Ich landete bei 14,60 Euro. Fassungslos zahlte ich. Willkommen im Euroland! Was ich früher mit Trinkgeld für etwa 16 Mark bekommen habe, sollte heute 29,20 Mark kosten!

Zunächst gab ich nicht dem Euro die Schuld, sondern dachte an die Mafia. Wurden meine italienischen Freunde erpresst, brauchten sie plötzlich Geld?

Ich war sauer und rief meinen Lieblingskellner, fragte, wieso plötzlich alles doppelt so teuer sei. »Um Gottes wille, wir habe doch nischt alles teurer gemacht! Isch ole ein alte Karte und wir vergleische das. Mache wir das nächste Mal.«

Ciao, arrivederci! Ich war erst einmal bedient.

In den nächsten Tagen wurde mit zweierlei klar: Erstens, die Mafia ist zumindest an den Pizzapreisen völlig unschuldig und zweitens, der Euro ist ein Teuro.

Ein Sturm der Entrüstung fegte durch das Land. Monate-, nein, jahrelang wurden wir auf die Einführung des Euro vorbereitet. Wir bekamen Starter Kits, glänzende neue Münzen wie Spielgeld. Wir erlebten etwas Großes, wir erlebten Geschichte. Doch als sich die Ergriffenheit langsam legte, wurde klar, dass wir schlichtweg unter die Räuber gefallen waren.

Schon vor Hartz wurde hier eins zu eins umgesetzt: die Mark und der Euro. Langsam wurden die Politiker nervös, man wollte sich von geldgierigen Kneipenwirten und Gemüsehändlern nicht die Zustimmung zur gemeinsamen Währung kaputtmachen lassen. Nachrichtensprecher verkündeten, die Inflation sei tatsächlich nicht so hoch, wie alle glaubten, ein tolles neues Wort wurde erfunden, die »gefühlte Inflation«.

Eigentlich aber war der Begriff »gefühlte Inflation« ein Eigentor. Schließlich haben wir alle von Wetterfrosch Jörg Kachelmann gelernt, dass die gefühlte Temperatur die entscheidende ist.

Die Politik hatte Glück, Anfang des letzten Jahres drückten billige Spritpreise die Preissteigerungsraten nach unten.

Beim Einkaufen im Supermarkt und beim Gemüsehändler aber erlebte man und frau die echte Show. Eine Salatgurke für 1,99 Euro hielt ich zunächst für einen schlechten Scherz, aber der nette Pakistani von nebenan erklärte, dies sei alles nur eine Folge des strengen Winters. Ich wusste noch gar nicht, dass wir unsere Gurken aus Sibirien beziehen, aber man lernt ja nie aus. Ich kann mich an keinen sibirisch-deutschen Winter erinnern, in dem je eine Salatgurke zu einem so astronomischen Preis verkauft wurde.

Es dauerte lange, fast ein ganzes Jahr, bis sich der best frisierte Frankfurter Banker, der Chef der Europäischen Zentralbank, der graumähnige Wim Duisenberg herabließ, den ergrimmten Massen Recht zu geben. Es habe tatsächlich Preissteigerungen gegeben. Danke, lieber Wim, es tut gut, das aus so berufenem Mund zu hören, jetzt wissen wir wenigsten, dass wir keine gefühlte Macke haben.

Herr Duisenberg reagierte wahrscheinlich so spät auf die Teuro-Debatte, weil in den Amsterdamer Coffee-Shops die Preise stabil blieben, nicht aber in deutschen Bars, Restaurants, Pinten und Kneipen.

Aber: Soll ich auf meine geliebten Restaurantbesuche verzichten oder diese erheblich reduzieren, nur weil ein erfolgreicher Spendensammler wie Helmut Kohl irgendwann einmal den Euro beschlossen hatte?

Nein, so weit wird es nicht kommen, jetzt heißt es für mich, kühlen Kopf zu bewahren und zu schauen, wie wir mit der neuen Lage klarkommen.

Viele Deutsche reagierten wie erwachsene Konsumenten, die es gar nicht lustig finden, wenn man mit ihnen Schlitten fahren will. Die Statistiken des Gaststättenverbandes sprechen eine deutliche Sprache. Folgende Trends sind klar erkennbar: Seit dem Winterhalbjahr 2001/2002 gingen die Umsätze im Gastgewerbe insgesamt um 3,6 Prozent zurück, in 2002 hat sich der Rückgang auf 4 Prozent beschleunigt.

Die aktuellen Angaben für 2003 sehen noch bitterer aus. Real wurden in diesem Bereich bisher 11,0 Prozent weniger umgesetzt als in 2001.

Tendenz: Es geht weiter bergab.

»Jede dritte Gaststätte ist von Insolvenz bedroht«, titelt die *Frankfurter Allgemeine Zeitung* Anfang dieses Jahres im Wirtschaftsteil. Selbst schuld, könnte man den Pleitiers hartherzig hinterher rufen.

Die Verbraucher haben schnell reagiert. Wenn gespart wird, dann nicht beim Einkaufen, sondern bei den Restaurantbesuchen. Firmen sparen an Geschäftsessen, die Zeit der großen Sausen ist vorbei. Ein befreundeter Gastronom erzählt eine Geschichte, bei der er noch heute glänzende Augen bekommt. Er bewirtete eine geschlossene Gesellschaft, die Weihnachtsfeier einer japanischen Firma. Zur Nachspeise klärten die Herren Manager die ultimativ männliche Frage, wer denn bitte schön der Größte sei, auf eine sehr eigenwillige Weise. Sie orderten Spitzenrotweine. Es war klar: Derjenige, der die teuerste Flasche ausgibt, ist der Alphajapaner. Ein Herr aus Osaka steigerte sich bis zu einer Flasche Lafitte Rothschild, den Jahrgang habe ich leider vergessen.

Heute ist eher Catering mit Snacks angesagt. Der Normalverbraucher lernt zu reduzieren und vergleicht kritisch. Die Deutschen gehen zwar nach wie vor gerne aus, aber sie verzichten auf Schnickschnack. Anspruchsvolle Restaurants der mittleren Preiskategorie klagen, dass die Kunden immer öfter auf Suppe, Antipasti und Dessert verzichten und vor allem bei Getränken sparen.

Nana Lohmann-Oehler vom Frankfurter Restaurant »Rosengärtchen«: »Wir spüren die Krise deutlich, die Kunden trinken eher offenen Wein, verzichten auf Vor- oder Nachspeise, und beim Schampus halten sie sich ganz zurück. Geschäftsessen sind rückläufig und Weihnachtsessen werden entweder von Firmen ganz eingespart oder im kleinen, bescheidenen Rahmen abgehalten.« Das Schlimmste an der Teuro-Krise sei, so Nana Lohmann-Oehler, dass der deutsche Konsument nur noch auf billig, billig, billig zu fliegen scheine. Sie verstehe nicht, warum sich viele Menschen fünfmal die Woche mit Fertigpizzen und Glutamatprodukten den Bauch voll hauen, statt lieber öfter zu Hause und einmal die Woche in Restaurants der mittleren Preiskategorie deutlich gesünder und besser zu essen.

Und genau nach dieser Devise bewältige ich meine eigene

Restaurantkrise. Klar ist, dass wir sparen müssen, der Zangenangriff von Teuro und Hans Eichel lässt keine Wahl. Meine geliebten Restaurantbesuche möchte ich mir dennoch nicht nehmen lassen.

Mein Tipp: Zunächst alle Lieblingsrestaurants auf Euro-DM-Kurs überprüfen. Alle Restaurants meiden, die Mark und Euro eins zu eins rechneten. Die Restaurants sorgfältig auf Ambiente und Preis-Leistung checken.

Da ich mir nichts, aber auch nichts verdrießen lassen möchte, ist mein Kurs klar. Ich gehe deutlich weniger essen als früher, aber wenn ich ausgehe, dann richtig mit Klasse.

Man muss nicht jedes Mal, wenn einem zu Hause die Decke auf den Kopf fällt, zu einem Drei-Gänge-Menü mit Kerzenschein aufbrechen. Hier hilft das Bistro für zwischendurch, einmal raus und Leute schnuppern, einen Latte genießen und vielleicht noch einen Wrap für 2,50 Euro für den kleinen Hunger.

Mit diesem Gastro-Mix kann ich gut leben, ohne auf kulinarische Genüsse verzichten zu müssen.

Wenn wir mit Freunden ins Restaurant gehen, treffen wir uns immer häufiger zum Aperitif vorab zu Hause, hier grüßt dann der Aldi-Schampus. Im Restaurant tut es der offene Rioja, nach dem Essen macht man halt zu Hause noch eine gute Flasche auf.

Falls Ihr Stammlokal zu den Euroaufrüstern gehört, dann scheuen Sie sich nicht, mit dem Wirt zu reden. Protestieren Sie, sprechen Sie mit anderen Gästen, die Sie kennen. In vielen Fällen wird der so geforderte Gastronom nach einer gewissen Schamfrist die Speisekarte ändern. Wenn nicht, dann ist es Zeit, ein neues Stammlokal zu suchen.

Mal ehrlich: Viel Spaß hat Ihnen das alte schon lange nicht mehr gemacht!

Gut finde ich die kreativen Krisenstrategien der jungen Leute mit knappem Geldbeutel. Viele Studenten tendieren mittlerweile dazu, außerhalb der nicht gerade kulinarisch umwerfenden Uni-Mensen die Kantinen großer Firmen heimzusuchen, um dort billig und mit gehaltvoll gesättigtem Magen über die Runden zu kommen. Meistens wird nicht kontrolliert und viele drücken einfach ein Auge zu.

Hart für Teenies sind die Nebenkosten beim Kinobesuch. Neulich erklärte uns unsere 12-jährige Nachbarin Rebecca, wie man heutzutage ins Kino geht. Da sich kaum ein Teenie 7 Euro Wucherpreis für eine Cola und das übliche Popcorn leisten kann, geht Rebecca nur noch mit einem Notrationenrucksack in den neuesten Harry Potter. Sie stopft eine Flasche Wasser hinein und Schoko, Chips oder sonstiges Junk-Food. Nur nicht das überteuerte Popcorn im Kino kaufen, lautet ihr Motto. Hugh Grant und Julia Roberts stört das sicher nicht. Hollywood mit Lunchpaket – eine ganz neue Erfahrung.

Wer ein metropolitanes Lebensgefühl schätzt, für den sind schwere Zeiten gekommen. Die Innenstädte spiegeln die Krise.

Eine Stadt wie Frankfurt spürt Börsencrash und Entlassungen in der Finanzbranche deutlich. Büroraum steht leer, neue Stadtviertel, in denen neben Büroraum auch Restaurants und Läden angesiedelt werden sollten, verharren in Leere.

Bars, Lounges und Restaurants, die auf eine hippe, ausgabenfreudige Afterwork-Szene setzten, haben heute ein existenzielles Problem.

Dönerbuden und Asia Snacks sind auf dem Vormarsch. Manch ein Investmentbanker, der früher zum gepflegten Lunch an den Opernplatz eilte, steht heute auch ganz gerne mal bei Ismael in der Kaiserstraße Schlange.

Zwei Gründe hat die Krise der Gastronomie. Erstens: Die Menschen sind sauer auf die Euroabzocker, und zweitens: Sie haben schlicht weniger Geld in der Tasche. Jeder Grund alleine wäre schon ein Problem für die Branche, beide zusammen sind ein Desaster. Der Deutsche Hotel- und Gaststättenverband hat einen rührigen Präsidenten. Sein Präsident Fischer gehört zu der »die-Schuld-haben-immer-die-anderen«-Fraktion. Der Herr Präsident schimpft pflichtschuldig auf die Bundesregierung, sie setze keine entscheidenden Impulse für Konsum und Wachstum. Doch zum Euroaufschlag, zur eigenwilligen Preispolitik der deutschen Gastronomen, dazu war von ihm recht wenig zu hören.

Einen Gedanken werden Sie in vielen Kapiteln dieses Buches immer wieder finden: Wir setzten auf Konsumentendemokratie, auf Einflussnahme durch Informationsaustausch. Es gibt keine besseren Restaurantkritiker als Ihre Freunde und Kollegen. Fragen Sie, machen Sie sich kundig! Fragen Sie nach Preis und Leistung, fragen Sie nach der Preisgestaltung in Euro.

Wir können und wollen hier keinen Restaurantführer durch die Republik vorlegen. Was wir demonstrieren wollen, ist die Breite privater Empfehlungen. Wer beruflich viel unterwegs ist und abends in Restaurants essen geht, der kennt die entscheidende Frage: »Wohin gehen wir?«

Von Taxifahrern weiß man, dass sie Provisionen kassieren. In welcher Abhängigkeit Restaurantführer von Stadtzeitungen stehen, bleibt mir als Durchreisendem undurchsichtig. Der Empfehlung eines Kollegen aber, der folge ich in der Regel blind.

Hier also Tipps von Freunden und Kollegen. Tipps nur aus einigen wenigen großen Städten. Tipps für alle Geldbeutel.

Unsere Gastro-Tour beginnt in der Hauptstadt. Zusammengestellt hat sie Thomas, ein Journalist, der neugierig ist, der gerne genießt und mit Freude futtert. Hier die völlig unrepräsentativen Ergebnisse seiner gastronomischen Spaziergänge durch Berlin:

Der Lieblings-Italiener

»Osteria Ribaltone«: köstliche Vorspeisen, Pasta mit Winter- und Sommertrüffeln. Klassische Speisekarte, die fast jeden zufrieden stellt. Im Frühjahr und Sommer ist die weiträumige Terrasse ein Muss. Schnelle, zuvorkommende Bedienung. Hauptspeise so um die 10,– Euro (Platz für ca. 40 Gäste).

Adresse:
Schöneberg, Motzstraße 54
Tel.: 030/214 36 55

Günstig

»Petit Europe«: der Gebrauchsitaliener. Solide italienische Küche, schlichte Holztische. Eigenwillige Bedienung, rau, aber herzlich. Am besten sind die Pasta-Klassiker, Gerichte zwischen fünf und acht Euro. Draußen echtes Berlin-Feeling, eine doppelspurige Straße führt genau vorbei.

Adresse:
Schöneberg, U-Bahn-Station Kleistpark,
Langenscheidtstraße 1,
Tel.: 030/781 29 64

Mediterran

»Mylos«: leckeres griechisches Essen in Charlottenburg, Nähe Stuttgarter Platz. Besonders der gegrillte Fisch ist zu empfehlen. Nicht die schwere, ölgetränkte griechische Küche, sondern mal was Leichtes, ein Gruß aus Griechenland.

Adresse:
Charlottenburg, Holtzendorffstraße 20,
Tel.: 030/323 81 63

Scharf

»Curry 136«: ein Muss für jeden Berlin-Besucher. Best Currywurst in Town! Der Stand liegt ziemlich genau unter dem S-Bahn-Bogen in der Friedrichstraße. Zur Wurst für 1,50 Euro

dringend die scharfe, hauseigene Soße probieren (wirklich scharf, also Vorsicht!). Spät in der Nacht eine der ganz wenigen Buden, die auch Champagner führen.

Keine Adresse – man stolpert hinein ...

Asiatisch

»ZAB«: ein Thailänder in Wilmersdorf. Unglaublich aufmerksame Bedienung, zuvorkommend, ohne zu schleimen. Thomas empfiehlt die Vorspeisen, das Thai Curry und die Entengerichte. Für ein Abendessen mit Vorspeise und Getränke zahlt man zwischen 25 und 30 Euro pro Person.

Adresse:
Charlottenburg, Leibnitzstraße 43, 10629 Berlin,
Tel.: 030/324 35 16

Alsacienne

»Storch«: Elsässer, spezialisiert auf Flammkuchen und Wildgerichte. Nicht gerade die leichte Küche, aber sehr lecker. Große Holztische. Hauptgerichte zwischen 12 und 15 Euro. Reservierung notwendig.

Adresse:
Schöneberg, Wartburgstraße 54,
Tel.: 030/784 20 59

Kreativ

»Fridas Schwestern«: ein tolles Lokal mitten in der Neuen Mitte Berlins, in der Nähe des Hackeschen Markts. Kreative Speisekarte, ein italienisch-asiatischer Mix ist die Hauslinie. Klingt ein bisschen seltsam, ist aber sehr gelungen. Besonders zu empfehlen sind die ausgezeichneten Suppen und Salate (zwischen 5 und 8 Euro).

Adresse:
Mitte, Neue Schönhauser Straße 11,
Tel.: 030/28 34 47 10

Küss die Hand

»Jolesch«: alteingessener Österreicher im Herzen des früher wilden Kreuzbergs. Ein Szene-Lokal, mit dem besten Wiener Schnitzel der Stadt. Kein Wunder, denn die Viecher kommen alle aus ökologisch geführten Höfen. (Schnitzel um die 13 Euro.)

Adresse:
Kreuzberg, Muskauer Straße 1,
Tel.: 030/6123581

Nobel (falls Sie auf Spesen unterwegs sind)

»Le Cochon Bourgeois«: ein ausgezeichneter Franzose. Perfekte, sehr französische Kellner. Hervorragendes Essen, ob Lamm-, Kalb- oder Fischgerichte – hohe Qualität zu hohen Preisen. Für ein ausgiebiges Abendessen (Vorspeise, Hauptspeise, Wein) müssen 50,– Euro kalkuliert werden. Im Sommer unbedingt auf der Terrasse reservieren; keine Kreditkarten.

Adresse:
Kreuzberg, Fichtestraße 24,
Tel.: 030/6930101

Großer Name mit viel Nepp

»Café Einstein«: Hier trinkt schon mal der Bundeskanzler seinen Kaffee, am nächsten Tag konspirieren dann Merkel und Westerwelle. Prima Platz, um unter den Linden zu beobachten, aber unverschämt teuer. Touristenpreise, Mondpreise.

Adresse:
Unter den Linden 42,
Tel.: 030/2043632

Die Lage an der kulinarischen Westfront haben Berno und Frank zusammengestellt. Die Jungs sind kneipenerfahren und hauen sich gerne einmal eine Nacht um die Ohren. Beide sind in der Modebranche.

Hier die Hausmacher-Tipps für Düsseldorf und Köln:

»Misako«: Das Stammlokal von Berno und Frank in Düsseldorf ist ein kleiner Japaner. Hier gibt es das wohl beste Sushi der Stadt. Die japanische Kellnerin spricht deutsch. Essen gibt es ab 1,30 Euro. Köstlich vollgestopft und sehr zufrieden geht man hier unter 20 Euro pro Person raus.

Adresse:
Dorotheenstraße 5, Düsseldorf,
Tel.: 02 11/167 85 03

»Rote Laterne«: ein richtig guter Chinese. Die Küche und das Ambiente stimmen. Junges Szenepublikum, coole Musik. Kleiner Laden mit einer Wahnsinnsnudelsuppe samt Fleischeinlage für 7,20 Euro

Adresse:
Kurfürstenstraße 29, 40211 Düsseldorf,
Tel.: 02 11/830 22 82

»Roberts Bistro«: Das ist französisches Bistro pur. Der Laden ist immer überfüllt, aber man kann nicht reservieren. Die Portionen sind sehr üppig. Vorspeise und Nachspeise sind empfehlenswert, an den gratinierten Himbeeren für 8 Euro darf man einfach nicht vorbeigehen.

Adresse:
Wupperstraße 2, 40219 Düsseldorf,
Tel.: 02 11/30 48 21

In der Pressestadt Hamburg spielt ein Fotograf für uns den Gastroscout. Werner ist ein echter Genießer, der aber durchaus auf die lieben Euros zu achten hat.

»Bacco«: Werners Lieblingsitaliener, bietet exzellente Küche, gute Weine, nicht ganz billig, aber das Preis-Leistungs-Verhältnis stimmt. Familiäres Ambiente, extrem freundliche Bedienung, man fühlt sich hier wohl.

Adresse:
Poolstraße 20, 20355 Hamburg,
Tel.: 040/35 01 84 30

»Schlachterbörse«: Wen die Fleischeslust packt, der ist in der Schlachterbörse immer gut aufgehoben! Hoher Promi-Faktor, hochwertige gutbürgerliche Küche, Klassiker in der Hansestadt, nicht zu teuer.
Adresse:
Kampstraße 42, 20357 Hamburg,
Tel.: 040/43 65 43

»Akari«: Wer es schlicht, einfach, ehrlich und japanisch gut und preiswert liebt, keinen Schickimicki-Quatsch braucht, der sollte zu Akari gehen.
Adresse:
Papenhuderstraße 67, 22087 Hamburg,
Tel.: 040/2 20 08 03

»La Sepia«: Geheimtipp-Portugiese im angesagten Schanzenviertel. Gemütlich, schummrig und sehr preiswert: ein Portugiese, der in Hamburg vor Anker gegangen ist. Wem die leckeren Sardinen vom Urlaub fehlen und wer den Tintenfisch vermisst, der sollte bei La Sepia einkehren.
Adresse:
Schulterblatt 36, 20357 Hamburg,
Tel.: 040/432 24 84

»Lokma«: original anatolische Küche, sehr preiswert und gut.
Adresse:
Susannenstraße 16, 20357 Hamburg,
Tel.: 040/432 25 27

»Nil«: Wer preiswert im Gourmetrestaurant speisen möchte, kann bei guter Weinauswahl sonntags im Nil das »Abendbrot« (Drei-Gänge-Menü) für 18 Euro genießen. Ein schickes Lokal, fast schon ein Klassiker der Szene.

Adresse:
Neuer Pferdemarkt 5, 20359 Hamburg,
Tel.: 040/439 78 23

»La Luna«: der klassische Italiener. Kerzenlicht-Ambiente, weiße Tischdecken. Hier wird die Pasta mit frischem Gemüse zum Genuss. Guter offener Hauswein, freundliche Bedienung und gerade noch bezahlbare Speisen.

Adresse:
Neuer Kamp 13, 22087 Hamburg,
Tel.: 040/43 36 66

»Café Paris«: fast wie im La Coupole in der französischen Metropole. Die Atmosphäre ist einmalig, das Essen fabelhaft und nicht zu teuer. Mittags gibt's herrliche, kleine Gerichte von Nudeln bis Bratkartoffeln.

Adresse:
Rathausstraße 4, Hamburg,
Tel. 040/32 52 77 77

In München ultimative Tipps zu finden, war nicht ganz einfach. Zunächst fragte ich Martina, eine gute Bekannte von mir. Doch Martina, selbständige Agenturfrau, hat den Hals voll von der bayerischen Gastronomie. Sie findet die Münchner Preise mittlerweile nur noch absurd und astronomisch. Martina meint, in München sei alles nur noch Touristen-Abzocke. Natürlich liebt sie gewisse In-Lokale, aber sie geht höchstens nur noch einmal im Monat essen. Ansonsten kocht sie lieber selbst, da weiß sie, was sie hat. Katrin, eine Internet-Fachfrau, schimpft auch über die Preise, aber sie hat wenigstens einige Insider-Tipps parat. Hier ihre Empfehlungen.

»Cooperativa«: Seit gut einem Jahr tummelt sich ein Publikum, das es urig, aber gemütlich liebt, im Cooperativa. Besonders empfehlenswert das Maishühnchen mit großem Salat und tollen Dressings. Das Dessert Chocolata Cooperativa sollte man nicht versäumen! Die Küche ist leicht italienisch angehaucht, Preis und Leistung stimmen.

Adresse:
Jahnstraße 35, 80469 München,
Tel.: 089/20 20 76 20

»Pacific Times«: Pazifikstrand am Alpenrand. Die freundlichsten Kellner Bayerns. Gehobenes, stilvolles Ambiente. Die Küche: ein Mix aus indonesisch und französisch, Top-Weine. Man sitzt in gemütlichen Korbsesseln.

Adresse:
Baader Straße 28, 80469 München,
Tel.: 089/20 23 94 70

»Café Mariandl«: ein Wiener Caféhaus in München, das gibt es wirklich! Ein Café mit Jugendstil-Ambiente. Pikant: der hausgemachte Kräuterquark zum Frühstück. Am Wochenende gibt es Live-Musik zum kleinen Snack.

Adresse:
Goethestraße 51, 80336 München,
Tel.: 089/54 40 43 48

»Riva im Tal«: Die Spitzenpizza der heimlichen Hauptstadt gibt es hier. Die Salate sind knackig und echter, frisch geriebener Parmesan fehlt nie.

Adresse:
Tal 44, 80332 München,
Tel.: 089/22 02 40

»Barista«: für Barliebhaber ein Muss. Die Getränkeauswahl ist groß, die Mischung der Cocktails perfekt und die Speisekarte ist erlesen. Im Barista ist es nicht gerade billig, aber dafür bietet die Bar köstliche Drinks und gute Gerichte.

Adresse:
Kardinal-Faulhaber-Straße 11, 80333 München,
Tel.: 089/20 80 21 80

»Taxis-Garten«: München ohne einen Biergarten-Tipp, das wäre wie Beckenbauer ohne Weihnachtsfeier. Unser Bierexperte ist ein echtes bayrisches Urgestein: Fritz, ein Fernsehjournalist, der, wenn er über Franz Josef Strauß spricht, nie den Zusatz »der Unvergessene« auslässt. Sein bester Tipp: der Taxis-Garten. Spaten-Bier zu vernünftigen Preisen, deftige Speisen, wenig Touristen.

Adresse:
Taxisstraße 12, 80637 München,
bei schönem Wetter täglich bis maximal 23.00 Uhr geöffnet.
Tel.: 089/15 68 27

Von der Bayernmetropole nach Mainhattan. In Frankfurt gibt es entgegen der allgemeinen Vermutung nicht nur Äppelwoi mit Rippchen und Kraut, sondern auch heftige »Teuro«-Probleme. Wir kennen nur wenige Lokale, die nicht ordentlich die Preise erhöht haben. Dennoch findet man gelegentlich auch faire Gastronomen. Die Tipps für Frankfurt am Main:

»Das Rosengärtchen«: mein ganz persönlicher Favorit. Das kleine, aber feine Restaurant bietet schmackhafte französische Küche. Ziegenkäsemousse, Lammcaré, alles geschmacklich perfekt. Die Crème brûlé zu 5 Euro zergeht auf der Zunge. Das Ambiente ist eine Mischung aus Laura Ashley und elsässischem Landhaus. Nicht ganz billig, aber auch nicht unverschämt teuer. Kein Lokal für jeden Tag. Meine Empfehlung: lieber drei

schlechte Restaurantbesuche sparen und dann hier richtig genießen.

Adresse:
Eschersheimer Landstraße 71, 60322 Frankfurt,
Tel.: 069/59 21 74

»Trattoria Brizzi«: der Italiener für die knusprige Pizza zwischendurch oder einen preiswerten Mittagstisch für 7 Euro, z. B. Gnocchi mit Austernpilzen und Salat.

Adresse:
Grüneburgweg 4, 60322 Frankfurt,
Tel.: 069/72 84 67

»Zur Eintracht«: Denken Sie jetzt bitte nicht an aufregenden Fußball, hier residiert die Turnhallenabteilung der Diva vom Main. Turnhallen-Ambiente auch im Lokal, die Küche ist hessisch-indisch. Tandoori Chicken, Schnitzel mit Pommes – was immer Sie wollen. Supergünstige Preise, dafür ist das Drumherum eher einfach. Turner und 68er Publikum.

Adresse:
Oederweg 37, 60318 Frankfurt,
Tel.: 069/55 84 35

»Wanners«: Wir bleiben auf dem Oederweg. Früher hieß die Kneipe symbolträchtig »Aufschwung«, dann ging sie pleite. Heute heißt der Laden »Wanners« und er brummt. Aus einer altlinken Bierkneipe wurde ein echtes Bistro mit Flair. Essen und Getränke sind günstig, die Speisekarte bietet schmackhafte Leckereien, vom vegetarischen Gericht über Pasta und Putenschnitzel mit Bratkartoffeln. Man sollte reservieren.

Adresse:
Oederweg 80, 60318 Frankfurt,
Tel.: 069/55 02 06

»Harvey's«: Hier gibt es das ultimative Frühstück. Alle internationalen Frühstücksfreunde finden hier ihr heimisches Breakfast. Französisch, italienisch, vegetarisch, deutsch – alles da. Preise sind zivil, der Latte Macchiato (3,30 Euro) deutlich zu teuer.

Adresse:
Bornheimer Landstraße 64, 60316 Frankfurt,
Tel.: 069/49 73 03

»Café im Literaturhaus«: etwas für Eingeweihte. Das Literaturhaus in Frankfurt bietet nicht nur Lesungen und Ausstellungen, sondern auch ein richtig schönes, stilvolles Restaurant mit hervorragender Küche. Der Chef heißt Franz und er ist ein fabelhafter Weinkenner. Wenn es Ihnen gelingt, Franz zu einer Spontanverkostung zu überreden, dann ist Ihr Abend gelaufen. Ein gutes Frühstück gibt's übrigens auch.

Adresse:
Bockenheimer Landstraße 102, 60323 Frankfurt,
Tel.: 069/74 55 50

»Machiavelli«: Jeder hat seinen Stammitaliener, meiner ist das »Machiavelli«, ein Kellerlokal im Westend. Der Laden lebt von seinem Chef. Angelo Brizzi ist der Frontmann, er hat Aura und Präsenz. Falls Sie sich für Fußball interessieren: An der Wand hängt, hinter Glas, ein SC-Neapel-Shirt mit der Rückennummer 10 – Besitzer Diego Amando Maradonna. Angelo kennt ihn persönlich, und manchmal sitzt die Hand Gottes himself an der Bar. Echte italienische Küche wie bei Mamma, für die Promis auch schon einmal ein Trüffelchen. Die Preise sind erträglich, Angelo hatte zunächst mit dem Teuro erhöht, dann aber wieder reduziert.

Adresse:
Kronberger Straße 46, 60323 Frankfurt,
Tel.: 069/72 83 72

Und zum Schluss noch ein absoluter Geheimtipp, serviert von Willi und Thomas aus Hannover. Das schwule Pärchen kennt sich vortrefflich in der Restaurantszene aus, nicht nur in Deutschland, auch in Belgien und Frankreich. Auf ihrer Website *http://www.gaygourmets.de* findet man vorzügliche Gastronomiekritiken, die sich nicht nur mit den leiblichen Genüssen beschäftigen, sondern auch sehr klare Auskünfte zum Preis-Leistungs-Verhältnis bieten. Die Gaygourmets empfehlen ganz besonders ein Lokal in Köln. Willi und Thomas schreiben: »Die Krefelder Straße gehört sicherlich nicht zu den Vorzeigegegenden in der Kölner Neustadt. Triste Architektur der Fünfziger lässt kaum erahnen, dass sich hier ein Kleinod französischer Lebensart findet, das in puncto Authentizität in Deutschland vermutlich seinesgleichen sucht: das *»Le Moissonnier«*. In originaler Bistroatmosphäre, wie man sie so auch in Paris finden könnte, bekommt der Gast eine Karte in die Hand, die vor Originalität nur so strotzt, und denjenigen, der zum ersten Mal hierher kommt, sprachlos vor Verblüffung lässt.« Ein Appetithappen: Pastilla von Entenkeule mit Zimt auf einem Bitterschokoladenjus, dazu Entenfilets mariniert in Balsamessig und gefüllte Sauerampferblätter. Und das zu einem Preis, den man sich leisten kann. Die Gaygourmets loben zusätzlich die vorzüglichen Weine, die auch offen und zu sehr moderaten Preisen angeboten werden.

Adresse:
Krefelder Straße 25, 50670 Köln,
Tel.: 0221/729479

Guten Appetit allerseits.

5 Versace am Autobahnkreuz oder: *Von der Goethestraße nach Zweibrücken*

Ich weiß nicht, wie es Ihnen geht, aber ich glaube nur an Sachen, die ich sehen, riechen, anfassen kann.

All die Tatarenmeldungen über die Wirtschaftskrise, über den Reformstau ließen mich zunächst kalt. Selbst meine Kontoauszüge nahm ich nicht so tragisch. Wird schon nicht so schlimm seien, dachte ich und wunderte mich nur, dass die Besuche am Geldautomaten häufiger und die Abrechnungen meiner Kreditkarten drohender wurden.

Samstagmorgen aber rief mich eine Freundin atemlos vom Handy aus an und flüsterte ins Telefon: »Du glaubst es nicht, aber der Jil-Sander-Laden macht dicht und bei Joop soll auch bald Schluss sein.«

Da war sie, die Krise, es gab nichts mehr zu verdrängen.

Der Jil-Sander-Laden, der meine Freundin mit verhängten Schaufenstern und geschlossenen Türen überraschte, lag auf der Frankfurter Goethestraße – eine Adresse wie die Kö, der Ku'damm oder die Maximilianstraße.

Wenn hier so ein Laden schließt, dann ist das ein Erdbeben, ein echtes Zeichen. Man hatte der edlen Goethestraße einen Zahn ausgeschlagen.

Ein- oder zweimal im Monat hatte ich hier reingeschaut, ganz unverbindlich natürlich. Eigentlich hasse ich ja diese Nobelboutiquen mit ihren verhungerten, arroganten Verkäuferinnen. Frau öffnet die Tür, tritt vorsichtig ein und wird sofort als kapitalschwache »Seltenkäuferin« erkannt und wie ein Dieb behandelt. Dann kommt die Dürre mit dem kurz ausrasierten Bubikopf, langem schwarzem Rock, dunkles tailliertes T-Shirt, mit herablassendem Blick und energischem: »Suchen Sie etwas Bestimmtes?«, und du zuckst erst mal zusammen.

Der Ton ist der eines Feldwebels, die Message: »Verzieh dich, oder was suchst du hier?!« Das freut, das macht Laune, da kauft man doch echt gerne ein. Tja, es war nie wirklich leicht, als Normalo in solch feinen Läden seine feinen Teile zu suchen. Promis sind da klar im Vorteil.

Es ist noch nicht lange her, da hatte ich hier das zweifelhafte Vergnügen, den von Affären gestählten Scharpingfreund und Rüstungslobbyisten Moritz Hunzinger nebst Gattin zu erleben. Er wird von zwei coolen Verkäuferinnen geradezu mit Verzückung angehimmelt, der Gattin werden die Outfits direkt auf einem extra Ständer präsentiert. Die eine der beiden kenne ich genau, es ist die coole Blonde, die mich immer mit Verachtung straft. Aber okay, es ist auch schon verdammt lang her, seit ich das letzte Mal mit einem verliebten Verteidigungsminister für schlappe 25 000 Euro in der Boutique gegenüber eingekauft habe. »Frau Hunzinger, hier hätten wir noch einen wunderbaren dunkelblauen Blazer, mit passendem Kaschmir-Seide-Pulli, wir zeigen Ihnen auch gerne schon etwas von der neuen Kollektion, aber (flüsternd) die ist noch unten.« Wer kann bei diesem Einsatz widerstehen? Frau Hunzinger probiert, der Gatte goutiert und begrüßt ganz nebenbei einige frisch geliftete Kronberger Damen in Begleitung nicht ganz unwichtiger Herren, die gelangweilt ein »schön, sehr schön« ausrufen, wenn gnä' Frau die formale Absegnung für ihre Kaschmir-Seide-Twinsets benötigt.

Und jetzt hat Jil Sander geschlossen.

Einerseits bin ich froh, meine Bank und mein Mann werden jubeln, aber mir wird es doch schwer ums Herz. Ich muss gestehen, ich bin ein Designer-Junkie, eine Labelfetischistin. Leider ohne den dafür nötigen Kontostand.

Mein Verderben begann beruflich bedingt.

Ich erinnere mich noch genau, es war 1982, ich sollte ein Interview mit Karl Lagerfeld führen. Damals hatte der Modezar noch ein normales Gewicht und machte sich noch rar für die

Presse. Der Meister empfing mich in der 53, rue de l'université. Das Interview hat mich zwar dem Modedesigner näher gebracht und mir zu handschriftlichen Briefen und einer wunderbaren Modeskizze verholfen, aber dafür auch mein weiteres Leben in Sachen Mode dominiert und mir zu mehreren Drohanrufen meiner Bank verholfen.

Ich wurde süchtig.

Süchtig nach Markenklamotten, süchtig, den letzten Schrei mitzumachen, süchtig nach Trends.

Einmal Marke tragen, welch ein Gefühl! Im Kaschmir von Jil Sander fühlte ich mich wie Caroline von Monaco in bester Abendrobe, aber ohne Prügelprinz. Das gibt Aura, das gibt Selbstbewusstsein und hebt die Stimmung. Da stört es auch nicht, wenn irgendwann die Sorte extrem feiner so genannter Freundinnen dir zwischen einem Glas Prosecco und Lachstartar sagen: »Ach, du siehst ja heute wirklich gut aus, aber ärmellose Rollis solltest du ab einem gewissen Alter doch lieber lassen.« Alles nur Neid auf meine edlen Teile. Das sind die Superschwestern, die dir zwischen Torte und Nagellacktipps die Freundlichkeit um die Ohren hauen, dass du doch heutzutage ganz leicht deine Falten mit Botox wegspritzen lassen kannst. Meine Sucht nach Markenklamotten zeigte mir eine ganz eigene Welt – Motto: Mehr scheinen als sein.

Szenenwechsel: München. Hier leben zünftige Bayern, aber um die geht's jetzt nicht, hier leben auch Zugereiste, aber um die geht's auch nicht – München und seine Schickimickis, das ist mein Thema.

Wir reden nicht von Bier und Weißwurscht, wir reden von Prosecco und der Maximilianstraße – da spielt die modische Musik, da kaufen die Herrschaften ihr Markenoutfit, ihre feinen Labels. Und da gibt's auch eine Menge berühmter Leute, denen man beim Shoppen zuschauen kann. Eine von ihnen ist die Uschi.

Die Uschi, das bayerische Vorzeigeschätzchen, die Frau, die nicht altert, die immer gut drauf ist, bis auf den kleinen Zwischenfall mit dem Herrn Gemahl. Die Uschi ist schick, super schick, vom Feinsten. Ihr bietet die bayerische Hauptstadt fast alles, was das »Schätzchen« so begehrt. Uschi Glas bei Donna Karan – und ich darf es beobachten. Da steht sie leibhaftig und drum herum das komplette Personal. Dünn ist sie, die jung gebliebene 60erin. »Ja hätten S' noch dös Kaschmirjäckchen zu der weißen Hosen, und da der rosa Paschmina.« Uschi in Verzückung: »Doch wirklich, Rosa ist mein Ding, a bisserl Farbe is scho recht. Pastell lässt den Teint so zart erscheinen.« Und da packt und packt sie ein Teil nach dem anderen ein. Mit neidischem Staunen schaue ich zu, wie das bayerische Naturtalent etwa 30 Outfits in drei Riesentüten packen lässt und den Superstore mit den lässigen Worten verlässt: »Ach ja, und die vier Kaschmirpullis und den Mantel, den schicken Sie mir dann nach Haus.« Praktisch, oder?

So weit Uschi Glas, aber worum geht es wirklich beim Markenshopping? Du musst von »deinesgleichen« als dazugehörig erkannt werden, darum geht es, nicht ob dir die Klamotten gefallen oder nicht. Der Wiedererkennungswert ist alles. Sei ehrlich, liebe Freundin! Du wartest doch immer nur darauf, dass dich jemand nach deinen Prada-Schuhen oder deinem Gucci-Gürtel fragt und wehe, die passende Uhr von Cartier ziert nicht dann dein Handgelenk. Schaut man bei Hermes oder Versace auf der Goethestraße herein, so findet man mehr als die Hälfte der Fummel »untragbar«, aber das wichtige Schild ziert die Jacken und Mäntel. Das Label macht den Wert aus. Dass das edle Stück wahrscheinlich in Hongkong produziert wurde und dort auf einem der vielen Märkte schwarz für ein Zehntel des hiesigen Verkaufspreises verschleudert wird, ist egal, schnuppe!

Okay, und jetzt hat Jil Sander ihren Laden in der Goethestraße geschlossen.

Das liegt nicht etwa nur daran, dass Frankfurt im Zuge der

DAX-Talfahrt verarmt. Jil auf der Goethestraße liegt voll im Trend der Branche – auch die Edelmarken lassen Federn.

Kein anderer Einzelhandelszweig ist von der Grundstimmung seiner Kunden so abhängig wie die Modebranche. Zum letzten Mal erlebten Deutschlands Modeverkäufer 1993 ein Wachstumsjahr. Seitdem sind die Umsätze der Textil- und Bekleidungsindustrie auf rund 58 Milliarden Euro geschrumpft. Bei den Bundesbürgern nahmen die Ausgaben für Bekleidung kontinuierlich ab. Die Konsumpräferenzen haben sich in Richtung Freizeit, Computer- und Handy-Nutzung verschoben. Die monatlichen Ausgaben eines bundesdeutschen Haushalts für Bekleidung und Schuhe lagen nach Berechnungen des Statistischen Bundesamtes im Jahr 2001 im Durchschnitt bei 156,10 Euro, was einem Anteil von nur 6 Prozent an den gesamten Verbrauchsausgaben entspricht.

Auch international gab es 2002 für die Edelschneider wenig zu lachen. Die Gucci-Modemarke Yves Saint Laurent zum Beispiel büßte umsatzmäßig um 7 Prozent ein. Bei der italienischen Edelfirma Prada, die es an die Börse drängt, fiel das Unternehmenswachstum (5 Prozent) zwar relativ erfreulich aus, doch Prada musste Jil Sander erneut eine kräftige Kapitalspritze gewähren.

Während das Gros der Hersteller im gehobenen Genre unter der schwachen Konjunktur zu leiden hatte, florierte das Geschäft bei einigen Marken auch im letzten Jahr sehr gut. Das italienische Unternehmen des Stardesigners Giorgio Armani legte ein Rekordergebnis hin. Der Umsatz der Armani-Gruppe stieg um fast ein Viertel auf 1,27 Milliarden Euro. Dabei konnte Armani von der Stärke der Marke profitieren. Der Mann ist aber auch einfach gut, oder?

Eigentlich muss ich mich kontrapunktisch zur allgemeinen Stimmung und ganz entgegen des Trends in den Landtagswahlen bei Hans Eichel und Gerhard Schröder bedanken.

Ihrem mutigen Einsatz, ihrer klaren Politik ist es zu verdanken, dass sich mein Verhältnis zu Mann und Bank deutlich verbessert. Ich beginne mein Konsumverhalten zu ändern, Eichel hat mich auf Entzug gesetzt – beinah! Not macht erfinderisch, es gibt immer Wege aus der Krise, den Kronberger Damen und den Nobeldesignern habe ich ein Schnippchen geschlagen, ich entwickle mich zum Markenmixer und gehe mittlerweile lange Wege für meine geliebten Klamotten.

Was macht den Marken-Mixer aus?

Nun, er kann mit allen Markenfetischisten und Schickimickis mithalten, nur cleverer und mit wesentlich geringerem finanziellen Einsatz als die betuchten Verschwenderinnen.

Ein weißes Blüschen mit hübschem Polo-Emblem kombiniert mit der GAP-Jeans zu 35 Euro, dazu das Käppi, das mittlerweile zur Standardausstattung der Hausbesitzerin mit Reitstall aus Kronberg, Grünwald oder Blankenese gehört. Aber – und hier kommt der erste Trick – mein Polo-Ralph-Lauren-Käppi habe ich soeben für 19,49 Euro statt für 45,48 Euro neu erstanden – im Outlet in Zweibrücken.

Also heftig gespart. Ich bin stolz auf mich und glaube, die smarten Damen billig überholt zu haben.

Nach Zweibrücken, ins größte aller Outlet-Zentren, hat mich außer Hans Eichel vor allem meine Freundin Dagmar gelockt, die lange in Amerika gelebt hat. Sie kann nur schwer nachvollziehen, warum Outlets hierzulande erst in der Krise so richtig populär werden. In Amerika gehören die Shopping Malls längst zum Alltag, Factory-Outlets mit Nobeldesign-Angeboten sind so normal wie Hamburger mit Pommes. Im Vergleich zu den Staaten ist Deutschland immer noch Outlet-Entwicklungsland.

In die Goethestraße bummelte man zu Fuß, jetzt hieß es zwei Stunden Autobahn mit der obligatorischen halbstündigen Unterbrechung durch eine Wanderbaustelle kurz vor Zweibrücken.

Baumfällarbeiten! – Ich liebe diesen Hinweis. Warum müssen eigentlich überall da, wo ich hinwill, Bäume gefällt werden? Endlich geht's wieder fließend weiter und schon kurz vor Zweibrücken prangt der Hinweis aufs Outlet auf dem Autobahnschild.

Es wundert mich wirklich, dass die Beamten das zugelassen haben: einen Einkaufshinweis auf einem staatlichen Autobahnschild und das im Land der tausend Verordnungen!

Wir werden ohne Probleme und weitere Wanderbaustellen auf das 15 000 m² große Gelände der pfälzischen Einkaufserlebniswelt gelotst. Ein überdimensionaler Parkplatz, zugeparkt mit Autos aller Klassen und Regionen. MZ, OF, IGB, F, HD, KUS, DA, WI, RÜD und sogar nicht wenige Franzosen und Luxemburger scheuen den modischen Ausflug in die Pfalz nicht. Die Shopping Area befindet sich *in the middle of nowhere*, auf dem Gelände einer ehemaligen Airbase.

»Make fashion, not war« – ein passendes Motto.

Zweibrücken wurde mit viel Pressegetöse gestartet, dann aber gab es schnell Kritik, und auch wir sind zunächst enttäuscht. Der Grund: Nur wenige echte Designer-Shops sind in Zweibrücken vertreten und nicht alle bieten Kleidung an. Bei Missoni etwa kann man zwar Homewear und Bademäntel im typischen Streifendesign erstehen, aber außer ein paar Kleidchen keine Mode. Einer der auffälligeren Shops ist Versace. Dort gibt's italienische Opulenz für ihn und sie – zu reduzierten, aber noch immer recht stattlichen Preisen.

Außerdem, wer steht heute noch auf den knalligen Farben von Versace? Man betrachte nur Signora Donatella, die Schwester des verblichenen Giovanni, und man ist gewarnt. Donatella – die italienische Antwort auf die Barbie-Puppe im Plusterform. Nein danke!

Umsteiger wie ich können beim Trend-Label Burberry durchaus ein Schnäppchen machen. Britische Karos in allen Variationen, kleine, kurze Schottenröckchen oder winzige Karo-

Taschen in Burberry-Beige für schlappe 227 Euro – ein echter Sparpreis.

Wenn das keine Schnäppchen sind! Und ich bin extra zum Sparen hierher gekommen.

Für deutsches Design stehen in Zweibrücken die Marken Bogner und Aigner aus München. Aber auch hier gilt: Warum soll ich für Ware aus der letzten und vorletzten Saison immer noch relativ viel Geld ausgeben? Da können Label-Fetischisten sich besser im Schlussverkauf Ware der Saison zum halben Preis am Heimatort besorgen.

Stark vertreten sind Geschäfte der mittleren Preislage, zum Beispiel Hallhuber, Benetton oder der spanische Anbieter Mango. Aber: Bei Benetton z.B. muss man echt Spaß am Ramschen haben. Beim Betreten dieses Ladens stellte sich bei mir eher ein gewisses Woolworth-Feeling ein. Nichts gegen Wooli! Alles, was bei Benetton seit Jahren auf der Kleiderstrecke blieb, hat man offensichtlich hierher nach Zweibrücken geschafft. Drei Teile für 9 Euro, zwei Teile für 6 Euro, hier fehlt nur noch der Hippie-Pulli aus meiner Studentenzeit und die liegt leider, leider schon eine Weile zurück.

Leicht schockiert suchen meine Freundin und ich den ultimativen Markenshop mit den Sonderpreisen für die gebeutelte neue Mitte. Und siehe da, wir werden fündig! Ralph Lauren, mein geliebter Polo-Reiter, in Zweibrücken!

Wir betreten den im Lauren-Look gestylten Raum und fühlen uns fast wie zu Hause. Hier kommt endlich das echte Schnäppchen-Feeling auf. Ein grasgrüner Pulli mit kleinem Reiter hat's mir angetan, statt 89,99 Euro jetzt 26,99 Euro – da kann ich nicht meckern. Und natürlich eine dunkelblaue Standard-Schildkappe für nur 19,49 Euro muss auch sein. Für meinen Mann entdecke ich auch noch ein hübsches Neue-Mitte-Streifenhemd für 32,19 Euro. Meine Freundin Dagmar kann sich nicht ganz so wie ich begeistern. Die pinkfarbene Bluse überzeugt sie nicht und die blaue Cordhose findet sie schon wieder altmodisch. Für mich war dieser Laden der einzige, der halbwegs nette Klamotten in angenehmer Atmosphäre und gut sortierte Ware auf edlen Holztischen zu bieten hatte. Schon wieder lasse ich mich von den blöden Labelfetischisten verführen, aber immerhin zu echt günstigem Preis!

Bei der Planung des Shopping-Komplexes hat man angeblich die geänderten Kundenpräferenzen – Stichwort Ambiente, Luxus, Erlebnis – berücksichtigt. Aber als wir uns eine Shopping-Pause gönnen wollen, finden wir ein einziges, schlappes Café, noch dazu in einem mehr als hässlichen Ambiente.

Schon vermisse ich meine liebe Goethestraße, samt Opernplatz. Das Café ist so vollgepackt mit hoffnungsvollen und ermatteten Schnäppchenjägern, dass wir nur mühsam die letzten beiden Plätze an der Theke ergattern können. Vom Rauch der Nachbarin recht benebelt, trinken wir einen lauwarmen Latte Macchiato. Unverständlich, warum die Planer bei der Vielzahl an Geschäften nur ein Café für den schnellen Durst zwischendurch gebaut haben! Immerhin rechnet man in Zweibrücken jährlich mit 1,5 Millionen Besuchern, so die Betreiber. Wenn sie sich da nicht verrechnet haben! Wir sind wohl nicht die Kunden, die sich Zweibrücken wünscht.

Für Dagmar sind zwei Geschäfte die Magneten. Goldpfeil mit wirklich schönen Taschen – ich fand sie trotz des Rabattes noch viel zu teuer – und zu unserer Überraschung Hosenanzüge, auf die Dagmar spontan abfuhr. Ein schwarzer Samtanzug hatte es ihr angetan, aber leider war er ein bisschen zu groß. Ein großes Lob ans gestresste Personal – eine ehrliche Verkäuferin schaute meine Freundin an: »Lassen Sie es lieber, der Anzug ist echt eine Nummer zu groß für Sie.« Wow, das hätte die zickige Blonde aus der Goethestraße nie getan!

Ein anderer Laden aber wird sie richtig Geld kosten, der Grund ist Sohn Sascha. Wir stehen staunend in einem Skater-

Shop. Auch hier verblüfft uns das Personal. Was macht eine gestresste Mama, die vom Skaten keine Ahnung hat, die aber dem Sohn eine Freude machen will? Ganz einfach, man bittet die erfahrene Verkäuferin ans Handy – ein Telefongespräch mit dem Sohn, von Expertin zu Experte, sozusagen.

Das Ergebnis des Telefonates: Für Sascha hat sich unsere Outlet-Exkursion am meisten gelohnt: ein Skateboard für 45 statt 90 Euro, zwei T-Shirts zu je 20 statt 30 Euro und als Geschenk dazu vom kundenfreundlichen Skater-Shop das Sandpapier gratis. Und das kostet normalerweise immerhin 13 Euro.

Fast jede Modefirma verkauft inzwischen über Factory-Outlets an jedermann. Überall im Lande werden Lagerverkäufe angepriesen und Markenware zum Dumpingpreis verramscht. Das »Smart-Shopping« ist endlich auch in Deutschland weit verbreitet: 23 Prozent der Deutschen haben die Zeichen der Zeit verstanden und versuchen, teure und exklusive Markenartikel so günstig wie möglich zu bekommen.

Gerade die Angehörigen der gehobenen Mittelschicht zählen zu den intensiven Schnäppchenjägern. Mobile Besserverdiener begeben sich gerne auf grenzüberschreitende Smart-Shopping-Reisen.

Sehr beliebt ist der Fabrik- und Internet-Verkauf bei jüngeren Modekäufern. 38 Prozent nehmen auch größere Distanzen in Kauf, »um wirklich tolle Kleidung zu kaufen«.

Wichtig: Outlet-Center ist nicht gleich Outlet-Center!

Wer Metzingen liebt, weil er weiß: »Boss ist Boss«, den wird Zweibrücken eher enttäuschen. Mein Tipp: Baumfällarbeiten vermeiden und das Outlet der begehrten Marke direkt ansteuern, wie z. B. Strenesse in Nördlingen oder Windsor in Bielefeld. Von riesigen Outlet-Areas wie z. B. Zweibrücken ist eher abzuraten: Zu viel Ramsch der letzten Jahre, zu wenig Auswahl auf dem gehobenen Modesektor.

Dennoch hat sich der Ausflug nach Zweibrücken für mich gelohnt. 99 Euro ausgegeben, mein Mann lobt die neue Disziplin, freut sich über das Geschenk und ich bin stolz auf meine neue Bescheidenheit.

Nicht schlecht vielleicht, dass Jil Sander zugemacht hat.

Mal sehen, wann ich Uschi Glas und Moritz Hunzinger im Stau vor Zweibrücken treffe.

6 Gut gebimst – doppelt gespart
Von Aldi lernen, heißt siegen lernen

Ich hatte es wirklich noch nie getan.

Okay, ich gestehe: Ich bin altmodisch, hoffnungslos altmodisch! An der Ampel überlege ich noch mal kurz, einfach umzukehren. Geiz macht schmallippig, hat meine Mutter immer gesagt, aber im Rückspiegel gefallen mir meine Lippen, und außerdem sehe ich eine ordentliche Schlange ebenfalls links blinkender Wagen. Alles Pfennigfuchser, kleinliche Knauserer auf dem Weg zu ihrem Mekka, einem hässlichen weißen Flachbau mit abstoßend grauer Dachkonstruktion und einem gelborange gerahmten hellblauen A auf dunkelblauem Grund: Aldi Süd.

Ich parke neben einem ziemlich neuen, eleganten, schwarzen Volvo und schaue mich verstohlen um. Weit und breit kein Auto, das mir bekannt vorkommt. Wunderbar.

Alle sagen, Aldi ist Kult, trotzdem will ich hier nicht gesehen werden. So müssen sich durchtriebene Ehegatten fühlen, wenn sie unerkannt aus fremden Haustüren verschwinden. Und ich gehe eindeutig fremd! Ich verleugne meinen schicken Supermarkt, ich betrüge den Einzelhändler um die Ecke, ich prelle den Mittelstand.

Danke, Hans Eichel, so weit ist es mit mir gekommen. Ich, lieber Hans, war dir eigentlich immer treu. Du aber hast mich betrogen und belogen, mir deine wahren Absichten verschwiegen, mich schmählich hintergegangen. Und nun räche ich mich, nun wird aus der braven Konsumentin, die sich so gerne mit Marken geschmückt hat, eine Aldianerin, die ihre Einkaufstasche beim Discounter voll stopft.

Der Parkplatz ist gut besetzt, sogar jetzt, am frühen Nachmittag. Vor mir an der Einkaufswagenschlange eine Türkin mit

Kind. Und das verliebte Studentenpärchen sieht japanisch aus, daneben zwei Rentner ganz in Beige. Sämtliche Mitkunden sind mir völlig unbekannt. Na also. Wenigstens komme ich so um Erklärungen herum. Doch schon im Eingangsbereich wird es ziemlich kritisch. Die da vorne in der blauen Wildlederjacke erinnert mich an eine ehemalige Kollegin, sie sieht ihr jedenfalls verdächtig ähnlich.

Ich vermeide genaues Hinschauen und baue mich vorne rechts vor dem ersten Regal auf. Honig und Marmelade. Drei Sorten Honig: Blüten-, Wild- und Imkerhonig. Nur drei Sorten! Ist das Lebensqualität? Dass ich nicht lache! Und lediglich vier oder fünf verschiedene Marmeladen aus dem Hause »Grandessa«, Nomen est omen? Ich zweifle bei einem Preis von nur 79 Cent für die Sorte Erdbeer. Und neben der Marmelade: Nukota. Gemein. Der Name soll wohl an das gute, alte Nutella erinnern, Schokocreme, auch für 79 Cent.

Will ich hier wirklich einkaufen? In diesen Halden von Kartons wühlen, um ein paar läppische Cent zu sparen? Warum mute ich mir das zu? Warum tun sich das immer mehr Menschen an? Billigmärkte, so habe ich kürzlich gelesen, sind bei den Bundesbürgern immer beliebter. Beliebt? Wie kann man einen Laden lieben, der noch nicht mal Zigaretten verkauft? Und wo gibt es Miracoli? Wo ist Dr. Best? Lindt? Landliebe? Weihenstephaner Joghurt mit Vanille? Hinter dem Honigregal lauern verpacktes Brot und eingeschweißte Brötchen. Und daneben stapeln sich Spirituosen gefährlich hoch auf schwankenden Pappunterlagen: Jamaika-Rum, Weinflaschen mit gewagten Namenskreationen, Abfüllungen, die wohl nach Bordeaux schmecken sollen, dickbauchige Champagnerpullen, die nach einer Witwe benannt sind, deren Herkunft im Dunkeln bleibt. Wie ein Stern in dunkler Nacht blinkt der Name: Boonekamp! Ein Markenname, einer, den ich kenne! Und schräg gegenüber lächelt Haribo. Merci, dass es dich gibt. Ja, auch Schokolade ist im Original vorhanden. Sie verkaufen also doch Markenware beim Discounter. Hatte mir keiner gesagt. Ich schöpfe Hoffnung: Meister Proper, bitte, melde dich! Doch Aldianer, das wird mir vor dem nächsten Kartonstapel erschreckend klar, putzen nicht, sie »bimsen«. Klingt irgendwie obszön, ist aber superbillig. Ich kann nicht widerstehen – zwei Flaschen Bims Allesreiniger zum sauberen Preis von 99 Cent landen in meinem Einkaufswagen. Ist doch egal, womit das Klo sauber wird. Und die Wäsche? Mein übliches Colorgel kostet das Dreifache! Ich nehme eine Flasche Tandil – zu Testzwecken, versteht sich. Und beim Preis des Weichspülers Wintersonne muss Lenor eine Gänsehaut bekommen, dreimal Wintersonne schlägt finanziell eine einzige Pulle Kuschelweich.

Die in der dunkelblauen Wildlederjacke ist tatsächlich eine ehemalige Kollegin, grüßt mich über einen Tisch mit grauen Pantoffeln zum Schnäppchenpreis von 4,99 Euro, freundlich, ohne rot zu werden. Ich nicke zurück und werfe einen schnellen Blick in ihren Einkaufswagen. Stapelweise Konserven Marke Gartenkrone. Der Name sagt mir wieder mal nichts. Und was ich nicht kenne, das kann doch nichts taugen, oder? Bin ich tatsächlich ein Opfer der Werbung, aufgewachsen mit Nichts-geht-über-Bärenmarke, Persil-bleibt-Persil, Tempo-Taschentüchern und Mildessa-Sauerkraut, in Palmolive gebadet, mit Nivea gecremt? Haben die Werber es wirklich geschafft, dass ich an Perwoll glaube und ohne Palmin nicht braten kann? Oder gibt es ein Leben jenseits von Birkel und Ajax Glasrein?

Ein Stapelfahrer verstellt mir den Weg. Er liefert zentnerweise Küchenrolle an. Küchenrolle kann man immer brauchen, ich nehme zwei Pakete zu vier Rollen, spottbillig und außerdem heißen sie ganz reizend Kokett. Alles aus Papier heißt Kokett, auch die rasend günstigen Servietten und die Taschentücher, fast geschenkt. Ich packe ein paar in den Wagen.

Branchenprimus, raunt es in meinem Kopf, muss ich irgendwo im Zusammenhang mit Aldi gelesen haben. Und wer hat mir von Cucina erzählt, dem sagenhaften Olivenöl zu 1,99 in der geschmackvollen Flasche zu 750 ml? Der Parmesan heißt auch Cucina. Raffiniert! Alles, was ein bisschen mit Italien zu tun hat, kommt aus Cucina. Klingt nach der guten Küche der italienischen Mamma. Nur die Nudeln heißen nicht nach der Mamma, die nennen sich geheimnisvoller Weise Alino. Penne-Nudeln aus reinem Hartweizen kosten diese Woche 29 Cent. Nudeln werden nicht schlecht. Ich packe ein.

Ich beginne mich zu verzetteln, laufe hierhin und dorthin, quer durch den Laden. Verweile kurz an hochwertigen Herrensocken zu 2,79 Euro und wühle in Kleinkinderjogginganzügen für 6,99 Euro, ich befühle Isadora-Seidenunterwäsche, zwei Teile, schwarz oder weiß oder hellblau, entscheide mich gegen Isadora, weil ich schräg gegenüber drei Reinigungsschwämmchen zum Spottpreis erspäht habe. Auf dem Weg zu den Schwämmchen lacht mich Flüssigseife an. Ich brauche keine Flüssigseife. Aber vielleicht doch ein Gläschen Honig? Ich packe ein.

Ich renne wieder zurück zum Eingang, allein gegen die hereindrängende Kundschaft. Aldianer, das merke ich, tun so etwas nicht. Der Aldianer marschiert geradeaus. Er hat einen Zettel, fängt vorne bei den drei Sorten Honig an und arbeitet sich über Grand Rayon, einen Cognac unbekannter Herkunft sowie Caribic Kinderbad vor zu Bayerlandkäse und der Markenbutter für 89 Cent, streift dann die Tiefkühltruhe mit Steinofenpizza für 2,79 Euro, zwei Stück in einer Packung. Aldianer diskutieren auch nicht. Im Laden ist es recht still, obwohl er ziemlich voll ist. Eigentlich recht angenehm, keine nervige Musik, keine dämlichen Durchsagen.

Neben der Exkollegin habe ich inzwischen auch den Wirt einer örtlichen Kneipe entdeckt, mit bedrohlich vollem Wagen. Und die Gattin des Apothekers. Sie besichtigt gerade eine tiefgefrorene Pute aus Polen. Sieht aus wie Karin Stoiber. Da fällt mir ein, ich habe mal ein Zitat von Karin Stoiber über Aldi gelesen, in einer Bildzeitung, die gerade irgendwo herumlag. Von hoher Qualität war da die Rede und die auch noch preiswert.

»Herr Albrecht beweist seit Jahren, dass er ein Herz für Verbraucher hat!«, hat sie, glaube ich, gesagt, die Frau Stoiber. Ein Herz für Verbraucher ist mindestens so viel wert wie ein Herz für Tiere. Hundefutter hat Aldi auch, Romeo für 59 Cent in der 300-g-Schale. Aber es gibt auch frische Ware. Kiwis, Berge von Kopfsalat für 99 Cent, Gurken, Zwiebeln, Paprika im Dreierpack rot-grün-gelb, die unter der Plastikhaut aussehen, als seien sie aus Wachs gegossen, und Kilo-Netze Apfelsinen. Eins landet in meinem Wagen. Wenn sie nicht saftig sind, dann ist es nicht so schlimm, sie kosten nur 1,09 Euro. Sie sehen aber richtig gut aus.

Neben mir steuert ein Rentner zur Kasse, im Wagen klirren die Weinflaschen. Ich glaube, ich habe den Spirituosen nicht die nötige Aufmerksamkeit geschenkt. Also zurück. Das Weinangebot ist derzeit echt bescheiden. Felix Ravinet, wer immer er sein mag, möchte mir seinen Beaujolais Village für 1,99 Euro andrehen. Darf er behalten. Ein Bordeaux, angeblich abgefüllt im Château Blaignan in der Gironde, soll 4,99 Euro kosten, Jahrgang 2000. Risiko. Und ein Pinot Grigio, der irgendwo auf den Nordhängen über Venedig gewachsen sein will, ist für 2,99 Euro zu haben. Ob ich das riskiere? Wenn er nichts taugt, kann man ihn im Sommer in die Bowle kippen. »Pardon«, sagt jemand neben mir. Ich versperre ihm den Zugang zu einem Kartonstapel am Boden. Und dann beginnt dieser Kunde seelenruhig, Champagner in seinen Wagen zu laden. Der Kunde trägt eine schwarze Lederjacke, die er bestimmt nicht bei Hennes & Mauritz gekauft hat, und sieht auch sonst ganz gut aus. Ob er weiß, was er tut? Acht Flaschen Champagner zu 9,99 Euro hat er schon im Wagen. Als er nach der nächsten greift, plumpe ich ihn an: »Sie haben es aber gut vor.« Er grinst. »Taugt der was?«, setze ich meine brillante Konversation fort. Lederjacke hat Ahnung. Er weiht mich zügig in die Geheimnisse des Aldi-Champagners ein. Auf dem Etikett steht »Veuve Monsigny Brut« und in Verschwörermanier deutet der erfahrene Trinker auf das Wörtchen

»Epernay« auf dem rückwärtigen Etikett der Flasche. Nun komme ich mit meinen Frankreich-Kenntnissen nach vorne. »Ah, Champagne-Ardenne«, murmele ich, denn dort liegt Epernay, tatsächlich eine Champagnermetropole. Lederjacke weiß noch mehr: »Angeblich wird Veuve Monsigny bei Veuve Clicquot abgefüllt, und die Witwe Clicquot kostet nun mal das Doppelte!« Ob beide Witwen gleich gut schmecken, will ich noch wissen und dann lächelt er, legt die zwölfte Flasche in seinen Wagen und meint: »Mal so, mal so. Wie das bei Frauen eben so ist.« Er geht. Ich verweile vor dem Witwenstand. Soll ich oder nicht? Vielleicht nicht gleich beim ersten Mal …

Im Übrigen ist mein Einkaufswagen schon ziemlich beladen. Senf, mittelscharf für 34 Cent hält bis 2004, und für Kaffeefilter muss man wirklich nicht mehr als 49 Cent ausgeben. Zufrieden steuere ich zur Kasse. Die Ladeneinrichtung ist wirklich überaus schlicht, zum Einpacken der Waren muss man den Wagen schräg vor dem Kassenpult parken und dann beginnt ein Wettlauf zwischen der rasend schnell scannenden Kassiererin und dem Kunden, der im entsprechenden Tempo Cucina und Alino und Bims und Kokett in den Wagen zurückwerfen muss.

Und dann wird Cash gezahlt! Kartenzahlung gibt es nicht bei Aldi. Noch nicht. Wer die digitale Videokamera für 699 Euro kauft, muss auch Bargeld hinblättern. Die Kamera hängt nur als Pappschild über der Kasse, wer sie haben möchte, muss danach fragen, erst dann wird sie aus dem Lager geholt. Größere Angebote, die man nicht unter der Jacke verstecken kann, stehen schon mal im Mittelgang: Diesmal ein Fernseher, Bildschirmdiagonale immerhin 70 cm, 100 Hertz, für nur 399 Euro. Das wird den geilen Geizern vom Saturn gar nicht schmecken. Und wenn Aldi seinen Medion-Computer auf den Markt wirft, ist es ziemlich leer im Media-Markt. In diesem Jahr, so meldet die *Süddeutsche Zeitung*, wird es zu einer regelrechten Preisschlacht bei den Discountern kommen. Vor allem zwischen den führenden deutschen Billigläden Aldi und Lidl herrsche schon jetzt ein scharfer Wettbewerb. Nun werde sich entscheiden, wer die Nummer eins wird. Vor allem bei den Lebensmitteln sollen die Preise noch sinken. Uns Kunden kann es nur recht sein.

Mein Wagen ist randvoll: zwei Flaschen Allzweckreiniger, eine Tube Senf, acht Rollen Küchenkrepp, 30 Servietten Kokett dunkelblau, 750 ml Olivenöl, Filterpapier, 1 Kilo Nudeln, Weichspüler Wintersonne, 1 Kilo Apfelsinen, 50 Meter Frischhaltefolie, Flüssigwaschmittel, Müllbeutel und 100 Wattestäbchen. Ich überschlage mal rasch im Kopf und suche nach einem 50-Euroschein. Habe halt die gewohnten Preise im Kopf. »15 Euro und 78 Cent«, sagt die Kassiererin. Ich bin platt. Und während ich meine Waren aus dem Einkaufswagen in meinem Kofferraum verstaue, denke ich über Aldi-Computer, Drucker, Scanner, Uhren und Radiowecker nach. Und über die Butter zum Magerpreis von 89 Cent. Zum Backen jedenfalls gut genug. Und das Mehl sowieso. Und muss Branntweinessig wirklich mehr kosten als 34 Cent?

Vielleicht sollte man tatsächlich ein bisschen genauer hinschauen, was der weiße Riese auf der grünen Wiese im Angebot hat. Es muss ja Gründe geben, warum die Billigmärkte ihren Umsatz in den vergangenen zehn Jahren von 20 auf 35 Prozent erhöht haben, während der Einzelhandel rundherum baden gegangen ist. Und jammert, was das Zeug hält. Mein Lieblingsjammerer ist Hubertus Pellengahr, der Sprecher des Hauptverbandes des Deutschen Einzelhandels. Kaum einer kann so tief betroffen formulieren wie Pellengahr. Zur Preisentwicklung im Einzelhandel – bezogen auf 2003 – prophezeite Pythia Pellengahr: »Die Discounter werden weiter expandieren – zu Lasten aller anderer Vertriebslinien.« Theo und Karl können stolz sein. Ich weiß jetzt, wer Theo und wer Karl ist und warum es ihnen so gut geht. Denn nach meinem ersten Einkauf in ihrem Laden – die Gebrüder Theo und Karl Albrecht haben der Aldi-Kette ihren Namen gegeben, Aldi steht für »Albrechts Discount« – habe ich mich gründlich informiert. Für mich ist Karl zuständig, er leitet das Aldi-Imperium im Süden, während Theodor über den Norden wacht.

Vor 41 Jahren eröffnete der erste Aldi-Discount in Dortmund, heute gibt es mehr als 3050 Läden in Deutschland, mehr als 250 Filialen in Großbritannien und Irland, über 500 in 21 Staaten der USA von der Ostküste bis nach Kansas. Unter dem Namen Hofer sind es über 200 Filialen in Österreich. Und Aldi wächst international weiter: Im Jahr 2001 wurden die ersten Geschäfte in Australien eröffnet.

Was die Gebrüder Albrecht wirklich verdienen, weiß niemand genau. Insider vermuten, dass in den rund 6000 Filialen weltweit rund 30 Milliarden Euro jährlich umgesetzt werden. Die Billigheimer der Nation gehören jedenfalls zu den reichsten Deutschen und den Allerreichsten weltweit. Man munkelt, dass das Brüderpaar über ein Vermögen von mehr als 25 Milliarden verfügt.

Fast kommen einem die Tränen, wenn man im *Manager-Magazin* die Geschichte der beiden Albrecht-Buben liest: »Es sind die viel zitierten einfachen Verhältnisse, unter denen Karl Albrecht, Jahrgang 1920, und sein zwei Jahre jüngerer Bruder Theodor (»Theo«) aufwachsen. Der Vater, ein ehemaliger Bergmann, verdingt sich als schlecht bezahlter Bäcker in einer Brotfabrik, nachdem er sich ›unter Tage‹ eine Staublunge zugezogen hat. Die Mutter unterhält im Essener Arbeiterviertel Schonebeck einen kleinen Lebensmittelladen. Beide Albrecht-Sprösslinge treten nach dem Besuch der Mittelschule in die Fußstapfen der Mutter. Theo absolviert seine Lehre zum Lebensmittelhändler im elterlichen Laden, Karl in einem renommierten Feinkostgeschäft. Der Krieg unterbricht auch ihre Berufslaufbahn und verschlägt den Jüngeren einstweilen nach Afrika zu einer Nachschubeinheit, der Ältere fristet sein Soldatendasein an der Ostfront ... Einen ersten Wendepunkt im Leben der beiden Heimkehrer markiert das Jahr der Währungsreform. 1948 schaffen die Brüder Albrecht ihren persönlichen Neuanfang, indem sie ihre erste Lebensmittelhandlung gründen.« Ach, was für eine schöne Geschichte aus den Wirtschaftswunderjahren!

Die *Wirtschaftswoche* sieht das nicht so sentimental: »Das effektivste deutsche Handelsimperium« nennt sie die Aldi-Kette, und die FAZ staunt: »Mit 37 Prozent hat Aldi die meisten Stammkunden im deutschen Lebensmittelhandel.« Drei von vier Haushalten kaufen zumindest gelegentlich bei Aldi. Ich bin also nicht allein und schämen muss ich mich schon gar nicht.

Was ich allerdings nicht verstehe: warum Aldi »Kult« sein soll. Natürlich kommt es enorm cool, etwas von »Kult« zu murmeln, wenn man den Chef bei Aldi trifft, da bleibt dem Chef gar nichts anderes übrig, als ein fröhliches »Kult« zurückzuschleudern und zu hoffen, dass man die 8fach-Steckdosenleiste zu 1,99 Euro und die 25 Alio-Abfallsäcke mit Zugband zum gleichen Preis unter den zwei Frottier-Badematten für 9,99 Euro nicht entdeckt. Aldi und Kult? Dazu sind die Läden viel zu öde, das Sortiment zu dürftig. Es gibt aus meiner Sicht eigentlich nur drei Gründe, beim Discounter zu kaufen: Aldi ist billig, billig, billig. Ein vierter: Aldi ist meist auch billiger als Lidl und der Rest der Einzelhandelswelt.

Das haben die Discount-Freaks mittlerweile statistisch belegt. Auf der Internetseite *http://www.kaufenaberwo.de* kann man die gewünschten Waren in einen fiktiven Einkaufszettel eingeben und bekommt die Adresse, bei der die Artikel am billigsten sind. Meistens fährt man dann zu Aldi. Die neuesten Angebote findet man unter *www.aldi-sued.de* oder für die Nordlichter unter *www.aldi-essen.de.* Eine gute Fan-Seite für Aldianer gibt es bei *www.pcent.de/aldifan.* Die Burschen dort hören das Gras wachsen: Sie sagen richtig voraus, wann es bei Aldi Nord oder im Süden wieder supergünstige Schwingschleifer oder die optimale Ritterburg für den Junior gibt. Wenn man eine entsprechende Anschaffung plant, lohnt es sich, auch mal ein paar Wochen zu warten, bis Aldi wieder preiswerte Fernseher oder Computer unters Volk bringt.

Sehr viele der Aldi-Produkte sind von der Stiftung Warentest geprüft worden, die allermeisten haben sehr gut abgeschnitten. Kein Wunder, hinter etlichen Aldi-Produkten stehen namhafte Hersteller. Die Kokett-Küchentücher und -Servietten werden angeblich bei Zewa (»Wisch und weg«) gefertigt, Mais, Brechbohnen und junge Erbsen, die bei Aldi unter Gartenkrone segeln, kommen wohl direkt von Bonduelle. Hinter der Eissorte Grandessa soll sich Schöller verbergen. Der Rohkostsalat Armada ist wahrscheinlich ein getarntes Nadler-Produkt und das Milchreisgericht Desira ist alles Müller – oder was? Nachzulesen im Internet unter *http://www.stud.unimuenchen.de/~matthias.queck/no.name.htm*. Hier gibt es eine lange Liste von Markenware im Noname-Mäntelchen, auf der man auch die bekanntesten Aldi-Produkte wiederfindet.

Ob ich je zum eingefleischten Aldianer werde? Mit einem Zettel durch den Laden marschiere, immer geradeaus, den Aldi-Kompass im Kopf: vorne Honig, dann Champagner, jetzt Bims und nach Tandil links rum zum Kühlregal? Alle Aldi-Läden in der Republik sind exakt gleich eingerichtet. Ob ich in Bochum oder Flensburg bin, spielt keine Rolle, auf meine Aldi-Einrichtung ist Verlass. Ist doch was in dieser sich so rapide wandelnden Welt!

Ob ich mir Bücher kaufe, die mich befähigen, gegliedert nach Vorspeisen, Hauptspeisen, Desserts und Snacks vier Wochen und mehr abwechslungsreich nur mit Produkten von Aldi unseren Speiseplan zu gestalten? Mit dem großen *Aldidente-Kochbuch* hat es angefangen, mittlerweile gibt es von der *Party mit Aldi* und *Gourmaldi de Luxe* bis hin zur *Aldi-Diät* und dem *Aldi Piccoli* für den sparsamen Nachwuchs auch das *Aldidente Backen* zum preiswerten Backen rund ums Jahr und den *Aldidente Vino*, meine Rettung in Sachen Spirituosen, wenn gerade mal keine schwarze Lederjacke in der Nähe ist.

Übrigens: Die Apfelsinen, die ich heute für 1,09 Euro gekauft habe, waren wirklich saftig. Und keiner hat sich über die Wattestäbchen beschwert. Das Waschmittel Tandil allerdings kann mit meiner alten Marke nicht mithalten: Die Wäsche wirkt leicht grau. Also wechsle ich jetzt Tandil und die etwas teuere Marke ab. So bleibt alles weiß und man spart trotzdem. Auch die Küchenrolle erfüllt ihren simplen Zweck, ganz zu schweigen von den Müllbeuteln. Das Olivenöl schmeckt richtig gut und die Nudeln sind völlig okay, keine Offenbarung, aber völlig okay. Mein Mann möchte auch mal die Pizza vom Aldi mitgebracht haben, seine Kollegen schwärmten davon. Allerdings am besten sei die vegetarische, auf der Schinkenpizza sei der Formvorderschinken doch nicht so das Wahre. Der Teig allerdings und die Tomatensoße sowie der Käse – so die authentische Aussage der Kollegen – seien bei Aldi einfach Spitze.

Und wenn ich mehr über Aldi-Produkte wissen möchte, z. B. wie sie so bei den Verbrauchern ankommen, dann, so meint der kluge Gatte, müsse ich nur bei *http://www.dooyoo.de* nachsehen. Dort findet man jede Menge Testberichte von mutigen Verbrauchern, die die Erdbeermarmelade, den Schampus und die Gurken gekauft und gekostet haben und ihre Erfahrungen detailliert beschreiben.

Noch ein Grund mehr, sich – gut vorbereitet – wieder mal einen Einkaufswagen für 15 Euro voll zu packen. Versuch macht kluch! Und außerdem habe ich mir die Prospekte für die nächste Woche mitgenommen. Bedauerlicherweise brauche ich keine Doppelschleifmaschine, denn die gibt es ab Donnerstag für 13,99 Euro, auch eine Außenleuchte mit Bewegungsmelder haben wir schon, aber der Basmati-Duftreis von den Hängen des Himalayas für nur 75 Cent ist ein Muss. Ein Super-Preis, wenn man die weite Reise bedenkt …

7 Die Küchenguerilla oder: *Mit Spartipps durch die Krise*

Sie wissen es bereits, ich hasse Haushaltsbücher. Ich bin auch nicht dazu bereit, Tapetenkleister selbst herzustellen, in dem ich unter ständigem Rühren Roggenmehl in kochendes Wasser gebe, so wie mir's eine große deutsche Illustrierte in ihren »99 besten Spartipps« empfiehlt.

Die hatte ihren Showdown bereits mit einem Buch, einem Hitler-Tagebuch. Bei der kriminaltechnischen Analyse der Tagebücher spielte Kleister eine Rolle, vielleicht erklärt das den Einsatz fürs Roggenmehl.

Allein die Vorstellung, ein wenig Salz in das flüssige Wachs der Kerzen streuen zu müssen, damit diese länger brennen, treibt mir die Tränen in die Augen. Auf solche Tipps aus Urgroßmutters Nähkästchen verzichte ich gerne. Auch, weil ich davon überzeugt bin, dass man nicht wirklich spart, wenn man sich beim Candle-Light-Dinner mit einem Salzstreuer bewaffnet.

Trotzdem, meine Damen und selbst kochenden Herren: Es gibt viel zu sparen im Haushalt, gehen wir es an!

Ein paar Spartipps kennt jeder: Es ist eine Binsenweisheit, dass Vollbäder dreimal soviel Wasser und Strom verbrauchen wie eine Dusche.

Ebenso Binse ist es auch, dass man ältere Kühl- und Gefrierschränke regelmäßig abtauen muss, da sie sonst zu Stromfressern mutieren. Ganz geile Geizer können im Winter allerdings noch mehr Strom sparen: Man fülle einen Tetra-Pack mit Wasser, stelle ihn auf den Balkon oder vor die Tür, damit das Wasser steinhart gefriert. Wenn man die eiskalte Tüte dann in den Kühlschrank legt, kriegt der einen Kälteschock und verbraucht deutlich weniger Strom. Während Tetrapack Nummer eins im Kühlschrank langsam wärmer wird, kann man seinen Nachfolger auf dem Balkon schon erstarren lassen. Spart tatsächlich! Kleine, aber feine Abstriche an der Stromrechnung gelingen auch, wenn man für ein paar Wochen einen Zettel an den Kühlschrank klebt und fett und drohend draufschreibt: »TÜR ZU!« Tatsächlich sind mein Mann, mein Sohn und seine zahlreichen Klassenkameraden, die gerne plaudernd vor der offenen Kühlschranktür standen, weil sie sich »gerade mal ein Wasser rausgeholt haben«, durch den Anblick des rüden Befehls »Tür zu!« etwas disziplinierter geworden.

Nicht nur mit Kälte sollte man sorgsam umgehen – auch Wärme kostet Geld! Jede Hausfrau weiß, dass man Heizkörper nicht mit Möbeln zustellen soll und dass auch schwere Gardinen vor den Wärmespendern zu erhöhten Heizkosten führen. Der Stromrechnung bekommt es übrigens ausgezeichnet, wenn man normal verschmutzte Wäsche im Kurzwaschgang bearbeitet, der dauert und kostet eben nur die Hälfte.

Und weil Nachtstrom noch billiger ist, kann man die Waschmaschine – so sie nicht direkt neben dem Schlafzimmer geparkt ist – auch erst dann anstellen, wenn man ins Bett geht. Am Morgen danach ist man nicht nur selbst, sondern auch die Wäsche frisch, – für deutlich weniger Stromkosten!

Auch beim Einkaufen lässt sich natürlich sparen, wenn man ein paar simple Regeln befolgt. Der clevere Supermarkt-Shopper geht nie hungrig in den Laden, hat stets einen Zettel und den festen Vorsatz, nur das in den Einkaufswagen zu packen, was auf dieser Liste steht. Kluge Hausfrauen nutzen Angebote, kaufen auch beim Discounter und stürzen sich in jeden Schlussverkauf.

Übrigens: Ist Ihnen schon mal aufgefallen, dass die meisten, die uns Konsumenten jetzt dazu aufrufen, den Gürtel enger zu schnallen, Hosenträger tragen? Viele Tipps, die man in diesen Tagen, bevorzugt in Zeitungen mit Millionenauflage lesen kann, sind so absurd, dass sie einem die mit Speiseöl geschmierten Schuhe ausziehen.

Den Tipp gibt es wirklich: Schuhe mit einer Mischung aus Zitronensaft und Speiseöl putzen. Wo ist da die Ersparnis, wenn ich mir beim Discounter Schuhcreme für wenige Cent kaufen kann? Geradezu lächerlich finde ich auch die Idee, Netze von Zitronen und Apfelsinen zu sammeln, zu einem festen Knäuel zusammenzudrücken und damit die Töpfe auszukratzen. Solange ich noch irgendwas im Topf habe, kratze ich nicht mit Netzen und knubbele auch keine Seifenreste zu einem neuen Stück zusammen. Meine Damen und Herren – ein Hauch von Stil sollte bleiben! Tuben allerdings schneide ich auf: Ganz unten ist immer noch erstaunlich viel drin! Bei Cremetuben empfiehlt es sich, das aufgeschnittene Opfer mit ein bisschen Frischhaltefolie abzudecken, sonst ist der kostbare Rest am nächsten Tag knochentrocken!

Auch wenn ich mich noch nicht traue, im Büro darüber zu reden, aber seit ich Gelee und Marmelade selbst einkoche, spare ich nicht nur eine Menge Geld, sondern bin auch der Liebling der Genießer-Fraktion in der Nachbarschaft. Ich gebe zu: Zunächst packte auch mich das nackte Grauen bei der Vorstellung, wie einst Oma Johannisbeergelee zuzubereiten. Oma zupfte mit Hilfe einer Gabel die Beerchen vom Stängel. Dann wurde unter stundenlangem Rühren ein größerer Topf Beerenmatsch gekocht. Den Matsch kippte Oma durch ein Küchentuch, das sie mit hochrotem Kopf ausdrückte. Saft von gleicher Farbe floss in einen Eimer. Unter energischem Rühren wurde dieser Saft dann gekocht, die Küche stand total unter Dampf. In diesem Nebel gelang es Oma nur ungenau, den brodelnden Saft in Gläser abzufüllen, die sie dann mühsam mit durchsichtigen Papierchen und Gummi abdichtete. Das waren so die Vorstellungen, die ich beim Thema »Gelee« hatte.

Das war Oma, und jetzt kommt Hightech, verbunden mit der Selbstbeschwörung: Es macht Spaß, es macht Spaß! Ich kaufe einen modernen Dampfentsafter aus hochwertigem Edelstahl, rostfrei, pflegeleicht und unverwüstlich. Die Kosten halten sich in Grenzen, zumal sich die Ausgabe schnell rentiert. Der Entsafter besteht aus drei Teilen, da der Deckel auf den Wasserbehälter passt, kann ich ihn zusätzlich wie einen normalen Kochtopf verwenden. Der Früchtekorb fasst 10 Liter, da passen eine Menge Johannisbeeren rein. Auf dem Wochenmarkt suchte ich das Gespräch mit einem der »Erzeuger«, so heißen unsere Bauern ja mittlerweile, der seine Beeren in kleinen Pfundschälchen anbietet. Nach kurzer Verhandlung war er dazu bereit, mir 20 Kilo zu einem absoluten Sonderpreis zu überlassen, wenn ich sie bei ihm abhole.

Und dann kommt mein großer Auftritt, Oma wäre stolz auf mich – ich mutiere zur Geleeköchin. Beeren waschen, easy, abzupfen ist überhaupt nicht nötig. Rein in den Entsafter, und nach etwa einer halben Stunde platzen die Beeren im heißen Dampf, fließt köstlicher Johannisbeersaft aus dem Auslauf. Mit Gelierzucker 3:1 muss man den Saft dann exakt drei Minuten aufkochen, in vorbereitete Gläschen füllen, Twist-off-Deckel drauf, umdrehen, fertig. Ich hatte etliche Gläschen gesammelt, viele habe ich mir bei Bekannten zusammengeschnorrt, denn merkwürdigerweise heben Leute gerne Marmeladegläser auf. Mittlerweile habe ich eine Sammlung von rund 100 Gläschen, das reicht.

Das Schönste am Geleekochen aber ist: Der Selbstgemachte ist gnadenlos billig, verglichen mit einem guten Glas gekauftem Gelee. Dafür muss man mindestens das Dreifache hinlegen. Und die Eigenmarke schmeckt dazu einfach göttlich, viel besser noch als jedes Produkt aus noblem Hause. Mittlerweile koche ich auch Erdbeermarmelade, Erdbeeren gibt es oft sehr günstig zum Selbstpflücken. Wenn sich die Familie an einer solchen Aktion beteiligt, sind abends alle satt und man hat preiswert Erdbeeren genug für viele, viele Gläser. Ich warte jetzt mal ab, ob mich auch die Lust auf Nachbars Kirschen überkommt …

Und noch ein Gerät hilft mir deutlich beim Sparen: Es ist eine einfache, elektrische Nähmaschine, vor Jahren günstig bei einem Versandhaus gekauft. Ich bin keine Schneiderin, ich kann mir keine Kleider und Mäntel nähen, will ich auch gar nicht. Aber wenn ich eine hübsche, preiswerte Sommerhose sehe, die mir nur etwas zu lang ist, dann kann ich sie durchaus selbst kürzen. Die Kosten für die Änderungsschneiderei sind einfach zu hoch. Und glauben Sie mir, es ist wirklich ganz einfach, eine gerade Naht zu nähen, die modernen Maschinen sind auch stark genug, eine Jeans zu kürzen. Nähen macht Spaß. Ich habe mir aus buntem Stoff vom Restetisch Vorhänge für meine Kellerregale genäht – Fertigvorhänge kosten das Fünffache! Auch die Tischdecken für unseren Gartentisch sind aus eigener Produktion.

»Ach, Sie auch hier?« Eine Blondine mit superknappem Oberteil über hautengen Jeans, die Augen rabenschwarz umrahmt, Lippen in Dunkelbraun, zieht die ausrasierten Augenbrauen hoch. Ich grüße knapp und denke angestrengt darüber nach, woher ich die Lady kenne. Und plötzlich fällt es mir ein: aus dem Kindergarten. Da liefert sie morgens, ungeschminkt, in Sweatshirt und Leggins ganz schnell ihren Kevin ab. Kevin ist immer sehr nett angezogen. Wie mein Junge. Denn ich bin treue Kundin eines Kinder-Secondhandladens. Wer weiß, wie schnell die lieben Kleinen aus ihren Klamotten herauswachsen – und wie teuer die Sachen sind –, der muss diese Möglichkeit einfach nutzen. Ich lächle verständnisvoll hinüber zu Blondie, die gerade einen T-Shirt-Stapel nach Markenware durchsiebt.

Ich schleppe schon seit einiger Zeit Kinderhosen, Jacken, Mäntel, Pullis und auch Schuhe zum Verkauf in den kleinen Laden und nehme jedes Mal schöne, preiswerte Sachen für meinen lieben Kleinen mit. Unser Laden handelt auch mit gebrauchten Spielsachen, so mancher Lego-Eimer hat dort eine begeisterte Abnehmerin gefunden und damit mein Portemonnaie gefüllt. Vor der Tür parken billige Dreirädchen, Bobbycars zum Schnäppchenpreis, es gibt Fahrrad-Stützräder für 4 Euro, die man für einen Euro wieder hintragen kann, wenn der Junior sie nicht mehr braucht.

Wichtig für Familien mit mehreren Kindern ist auch der Familienpass: Mit diesem Pass können Familien, je nach Stadt und Gemeinde, bis zu 50 Prozent beim Besuch von Schwimmbädern oder beim Eintritt zu kulturellen und sportlichen Veranstaltungen sparen. Unter welchen Bedingungen Familien den Pass bekommen, weiß die jeweilige Stadtverwaltung.

Gut sparen kann man auch bei Medikamenten, vor allem, wenn es um die alltäglichen Wehwehchen geht, für die man nicht gleich zum Arzt, sondern in die Apotheke läuft. Wenn mein Mann sich mit einer leichten Erkältung ins Bett legt – selbstverständlich den nahen Tod vor Augen –, dann frage ich den Apotheker beharrlich nach so genannten »Generika«. Generika sind No-Name-Arzneimittel, die den gleichen Wirkstoff enthalten wie ihre prominenten Geschwister. So ist zum Beispiel ASS von Ratiopharm um 50 Prozent billiger als Aspirin, der Wirkstoff ist absolut identisch. Nach Generika zu fragen lohnt sich auch bei Nasensprays, Fieberzäpfchen und Vitaminpräparaten. Die Apotheker kennen sich damit aus und helfen gerne bei der Suche nach einer preisgünstigen Alternative mit den gleichen Inhaltsstoffen.

Nein, ich führe immer noch kein Haushaltsbuch, aber meine selbst gemachte Marmelade, die sollten Sie mal probieren.

8 Internet
Surf and Save

So, und nun wird es ernst: Ihr lieber Computer daheim, Ihr Laptop für unterwegs und im Büro ist nicht nur Ihr allzeit zuverlässiger Terminmanager, Ihr blitzschneller Briefträger, Ihr digitaler Zeitungskiosk, sondern darüber hinaus auch die wahrscheinlich effektivste Sparmaschine, die Ihnen im Kampf um Ihren Lebensstil zur Verfügung steht. Im Netz hat sich ein Stück Konsumentendemokratie entwickelt, das zwar sofort wieder von kommerziellen Interessen bedroht wird, dennoch finden sich im Web immer mehr Seiten, auf denen sich Konsumenten austauschen, auf denen regelrechte Börsen für Infosuchende entstanden sind.

Lernen Sie von den Kids, senken Sie Ihre Ausgaben für Musik. Und wo finden Sie die Outlets mit ihren Schnäppchen, aktueller als in jedem Führer? Aktueller auch als jede Tageszeitung reagiert das Netz.

Die Gefahren und Nachteile sind klar, so manche Seite, die als Forum für Konsumenten erscheint, dient ganz anderen Zielen, lockt zu rein kommerziellen Links.

Wir haben recherchiert, und jeder, der gerne surft, weiß sowieso, dass es den ultimativen Internetführer nicht geben kann. Zu schnell wechseln die Seiten, noch schneller manchmal die Personen und Interessen dahinter.

Surfen und sparen – diese Adressen sollten Sie zu Ihren Favoriten hinzufügen, es könnte Ihnen einiges ersparen.

http://www.dooyoo.de:

Dooyoo ist eine Seite, auf der man sich in großem Umfang über das Preis-Leistungs-Verhältnis von Produkten informieren kann. Die Kaufhilfe in Form von mehr oder weniger ausführlichen Bewertungen geht von Kunden aus, die das Produkt verzehrt, benutzt, besucht oder gekauft haben. Diese Unabhängigkeit der Bewerter ist der große Vorteil der Seite, auch verglichen mit kommerziellen Testzeitschriften.

Niemand erhält Geld für seine Meinung, niemand wird begünstigt, weil er ein Produkt lobt, anstatt es zu kritisieren. *Dooyoo.de* von Verbrauchern für Verbraucher – das ist Konsumentendemokratie.

Die Breite des Angebots von Dooyoo ist ein weiterer Vorteil: Suchen Sie, und Sie werden fündig – von Gesamtschulen über Spitzendessous bis hin zu Spaghetti Bolognese aus der Tüte. Hier wird alles bewertet! Man kann sich zur gewünschten Produktkategorie durchklicken oder gezielt suchen. Es gibt keine Dooyoo-Redaktion, die inhaltliche oder sprachliche Modifikationen an den Artikeln vornimmt. Abgesehen von strafrechtlich relevanten Äußerungen ist nur der Leser Juror: Man kann die Artikel nach dem Datum und nach der Bewertung des Artikels durch User ordnen, die ihn bereits gelesen haben.

In einer guten Bewertung erfährt man als Leser, wie viel das Produkt kostet, was es kann, wo es versagt und ob der Autor für das Produkt nach der Nutzung erneut Geld ausgeben würde, wenn er vor der Wahl stünde. Die Bewertungen setzen sich aus einem zusammenhängenden Text und einer Kurzbewertung nach produktcharakteristischen Kriterien zusammen. Ganz oben auf der Seite ist sofort einzusehen, wie die durchschnittliche Produktbewertung ausgefallen ist. Wer regelmäßig – vor allem bei größeren Anschaffungen – einen Blick in Dooyoo wirft, der wird echt Geld sparen. Wie überall im Internet braucht man ein waches Auge und vor allem die Fähigkeit, Hilfreiches und Geschwätziges zu unterscheiden. Manchmal – vor allem bei Massenprodukten – wird es schwer, aus dem inflationär sinnentleerten Geschwätz, verfasst von kaum der deutschen Rechtschreibung Mächtigen, zu den echt informativen Artikeln vorzustoßen. Das ist eben Demokratie, jeder darf mitreden, besonders die, die nichts zu sagen haben. Wer wirklich profitieren will, muss lernen, genau hinzuschauen!

http://www.ciao.de:

Die Community von Ciao funktioniert nach dem gleichen Prinzip wie Dooyoo. Ciao hat – nach eigenen Angaben – mit mehr als 800 000 Mitgliedern fast das Doppelte von Dooyoo. Die Ciao AG wurde ebenso wie Dooyoo 1999 gegründet.

Weitere Verbraucherbewertungs-Seiten:
- *E-Comments.de:* eher unbekannt, nur 4500 Mitglieder
- *Q-Test.de:* eher unseriöser Touch durch viel Werbung (meist gleich mit Werbemails und Anmeldungen bei Firmen verbunden), eine im Vergleich kleine Community

http://www.billiger-shopping.de:

Auf dieser Seite geht es hauptsächlich um die Nennung von Adressen für kostengünstige Fabrik-/Werksverkäufe. Wie bei fast allen anderen Seiten besteht auch hier Anmeldepflicht, bevor man selbst Artikel verfassen kann. Das Angebot ist in Branchen eingeteilt und kann wahlweise nach Postleitzahlen sortiert werden. Schnell stellt sich z. B. heraus, dass die Zahl der Factory-Outlets eher bescheiden ist. Die Idee ist sinnvoll, aber man muss als Kunde schon Glück haben, zufällig in der Nähe einen Laden der gesuchten Branche zu finden.

Fazit: Die Seite ist eher klein und wirkt wenig Vertrauen erweckend, weil sich extrem häufig fremde, kommerzielle Popup-Fenster öffnen. Außerdem bleibt unklar, ob nicht jeder Unternehmer seinen Laden selbst als kostengünstig anpreisen kann. Die Informationen können nicht bewertet werden, sondern stehen unkommentiert und unkorrigiert auf der Seite. Die geringe Zahl der Adressen hängt vermutlich mit den noch spärlichen Factory-Outlets in Deutschland zusammen. Die Seite könnte somit interessant werden, wenn diese Verkaufsform mit bis zu 75-prozentigen Rabatten die gleiche Popularität wie beispielsweise in den USA erreichen wird.

http://www.werksverkauf.de:

Diese Seite schlägt in dieselbe Kerbe wie *billiger-shopping.de*, allerdings noch unübersichtlicher gestaltet als vorgenannte. Wer hier etwas finden will, muss Zeit und Geduld mitbringen. Es ist ärgerlich, dass die relativ große und interessante Datenbank auf einer Seite präsentiert wird, die der Werbung fast mehr Platz einräumt als den Informationen.

http://www.nice-prizes.de:

Diese Seite bietet wohl geordnet sinnvolle Informationen an. In den Sparten *Tanken*, *Strom*, *Telefon*, *Handy* und *Mode* ist die Seite gut sortiert.

Leider ist auch diese Seite mit blinkender, nervender Werbung gespickt, aber dazwischen finden sich doch aktuelle und interessante Informationen.

Der Bereich *Tanken* liefert primär tagesaktuelle Benzinpreise aus den sechs bis sieben größten Städten eines Bundeslandes.

Beispiel Frankfurt: Hier sind über 20 Tankstellen im gesamten Stadtgebiet mit genauer Nennung der Lage, des Serviceangebots und der Benzinpreise für Diesel, Normal und Super zu finden. Zusätzlich gibt es in dieser Rubrik Auflistungen von Verkehrsverstößen und deren Ahndung, Stauprognosen, Ferientermine, KFZ-Steuerlisten und den Autofinder. Letzterer ist ein Dienst in Kooperation mit Eurotax-Schwacke (Gebrauchtwagenschätzung), der aus einer großen Neu- und Gebrauchtwagen-Datenbank und einer detaillierten Suchmaske besteht – und offenbar gut funktioniert.

Auch der erste Eindruck im Bereich *Strom* ist positiv: Man kann ohne großes Herumklicken den günstigsten Stromtarif für den eigenen Haushalt finden (siehe auch Stromkapitel). Nach

Angabe des kWh-Verbrauchs pro Jahr erhält man eine Liste der 15 günstigsten Anbieter, jeweils verlinkt mit deren Seite. Allerdings aufpassen: Es fällt auf und macht misstrauisch, dass stets dieselben Anbieter genannt werden, egal welchen Verbrauch man angibt. Und gleich noch mal aufpassen: Der Klick auf den Menüpunkt *Heizöl-Rechner* führt zur detaillierten Beschreibung der 0190er-Hotline einer Firma namens esyoil. Also auf den zweiten Blick, und auf den kommt es an, ein eher enttäuschendes Ergebnis.

Der Bereich *Handy* tröstet in gewissem Maße über die vorherige kalte Dusche hinweg: Hier gibt es eine brauchbare Suche nach PDAs und Handys sowie eine Preisauflistung für SMS-Versand. Wer will, kann für gutes Geld über eine 0190er-Hotline Handy-Bildmitteilungen bestellen. Dass es diesen Service nicht »für umme« gibt, sollte allerdings klar sein.

Die Rubrik *Telefon* ist ein weiterer Lichtblick: Hier kann man – wie tausendfach erprobt – den eigenen Standort, die Zeit und Reichweite des Gesprächs angeben und erfährt anschließend, wie man am billigsten per Call-by-Call telefoniert. Außerdem verrät die Seite Tipps, kostenlos zu telefonieren, die Preise für Sonderrufnummern (0800/0900) sowie Notrufnummern für ganz Europa. Zweifellos hilfreich!

Der Bereich *Mode* – die Spielwiese für all jene, deren Freude an Designerklamotten deutlich größer ist als das Portemonnaie. Der Bereich ist nach Regionen aufgebaut. Man kann dort nach Geschäften suchen, die Preisnachlässe auf Kleidung verschiedener Kategorien gewähren. Diesen Service gibt es auch für so genannte E-Shops, die die gleiche Dienstleistung online anbieten. Hier ist allerdings oft nicht klar, ob tatsächlich relevante Preisunterschiede gegenüber dem normalen Kauf oder nur die Vorteile der Lieferung nach Hause bestehen. Wer was fürs werte Äußere tun will, der findet eine Auflistung von wichtigen Vitaminen, Wellnessölen und Beautytipps. Ob man hier tatsächlich spart, da schweigt des Netzes Höflichkeit.

Die nicht im Seitentitel genannten Rubriken *Reisen* und *Musik* sind für alle, die auf der Suche nach Preisvorteilen sind, vernachlässigbar. Der Urlaub wird mit einer CD von Shakira oder der Kenntnis aller deutschen Flüsse kaum billiger, nur schöner.

http://schnaeppchenonline.de.vu:

... ist eine reine Werbeseite, auf der die aktuellen Angebote großer Anbieter zusammengefasst sind. So genannte »Tipps«, beispielsweise, dass es billiger ist, beim Zeitungsabonnement zur Jahres- und nicht zur Monatsbestellung zu greifen, sind nun mal echt keine wirkliche Neuigkeit. Einen Dank an meinen alten Lateinlehrer – ihm wäre sofort aufgefallen, dass im Namen »Vendix«, unter dem diese Seite ebenfalls im Internet zu finden ist, das lateinische Verb »vendere« – verkaufen steckt. Und genau darauf kommt es den Betreibern dieser Seite an.

Wer versehentlich *http://www.schnaeppchenonline.de* eingibt, landet auf einer wenig empfehlenswerten Seite, die mit *Discount24.de* verlinkt ist. Wer ein wenig recherchiert, der kapiert schnell, um was es wirklich geht. *Discount24.de* ist eine 100-prozentige Tochter des Otto-Versandes.

Wer das weiß, der ahnt auch, dass die Angebote angeblich stark preisreduzierter Markenartikel mit Vorsicht zu genießen sind.

http://www.schnaeppchen.de:

Man müsste meinen, auf dieser Seite, die sich den heiß umworbenen Namen gesichert hat, seien besonders umfangreiche und interessante Informationen hinterlegt. Doch weit gefehlt! Die von einer Kölner Firma namens »Webpool« betriebene Seite krankt offensichtlich am Mitglieder- und Beteiligungsmangel.

Angeboten werden sollen Produktbewertungen, Schnäppchen-Stichtage, Forum und Chat. Wie gesagt: sollen. Wirklich vorhanden sind allerdings nur Kleinanzeigen in geringem Maße. Die Information an einem Freitagnachmittag kurz vor

Weihnachten »Mitglieder online auf *schnaeppchen.de*: 0« spricht für sich.

Die Firma bezeichnet sich selbst als auf den Aufbau von Online-Communitys spezialisiert. Verwunderlich nur, dass *schnaeppchen.de* auf der Webpool-Seite im Gegensatz zu Erfolgsprodukten wie *single.de* gar nicht genannt wird.

http://www.schnaeppchen-paradies.de:

Diese Seite wird von einem Privatmann betrieben, verfügt über kein sehr professionelles Erscheinungsbild und ist dennoch nützlicher als manche professionell anmutende Seite. Man könnte sie als Katalog von Seiten bezeichnen, auf denen man sparen kann. Eigene redaktionelle Informationen sind nicht vorhanden. Daher ist diese Seite weniger die Zielgerade als vielmehr der Startblock auf der Suche nach Schnäppchen und Vergünstigungen.

http://www.geizkragen.de:

Die Seite *Geizkragen.de* bezeichnet sich selbst als »Pflichtseite für den cleveren Verbraucher«. Die Macher haben nicht gelogen, für den Sparer im Netz führt kein Weg an den Geizkragen vorbei.

Die Rubrik *Verbrauchernews* beinhaltet bereits Tipps in beeindruckender Breite. Man erfährt, ob und wann es sich lohnt, bei Aldi Schlange zu stehen, wie man den neuen Gruppenrabatt der Bahn geschickt nutzen kann und welcher Anbieter am wenigstens fürs Surfen verlangt. Sehr positiv: Die älteren *News* sind höchstens ein bis zwei Monate alt, die neuesten oft nur wenige Tage.

Unbedingt anklicken: Die Rubrik *Schnäppchen*. Hier erfährt man detailliert, wann und wo welcher Discounter der Republik attraktive Angebote macht. Außerdem erhält man eine Übersicht, welche Firmen gerade dabei sind, Gutscheine zu Werbezwecken zu verschenken, um dadurch Neukunden zu gewinnen. Es werden Seiten genannt, die Preisvergleiche durchführen, Supermärkte, die Rabattaktionen anbieten, und Reiseveranstalter, die kurzfristig stornierte Angebote zu Last-Minute-Preisen abgeben.

Für den Geizkragen eher uninteressant ist dafür der Bereich *Ratgeber & Infos*. Primär steht hier die Nennung kostenloser Beratungsdienste im Vordergrund. Dass man sich kein Kochbuch kaufen muss, sondern auch im Internet zahlreiche Rezepte finden kann, dürfte sich aber inzwischen bei allen Surfern herumgesprochen haben.

Wer tricky sein und den Haushalt mit kleinen kostenlosen Produktproben versorgen möchte, der wird in der gleichnamigen Rubrik fündig. Eine Fülle von Angeboten wartet auf die Hardcore-Schnäppchenjäger. Wer will, der kann sich für die nächsten Wochen umsonst mit Cremedusche versorgen, kann Tütensuppen essen oder echte Gaumenfreuden mit kostenlosem Doseneintopf genießen. Auch an das liebe Haustier denkt die freigiebige Industrie – die liebe Katze füttern, waschen, ohne einen Pfennig dafür auszugeben. Ehrlich gesagt, diese Angebote sind was für Erstsemester oder gescheiterte Anleger des Neuen Marktes. Es bedarf eines masochistischen Sparwillens, um sich tatsächlich so zu verpflegen. Man kann auf jeder Seite nur ein Produkt bestellen, und es dauert jeweils ein paar Tage, bis die Probe im Briefkasten liegt. Ein weiterer Nachteil dieser Sparvariante ist, dass man die eigene Adresse werbewütigen Firmen ausliefert, die sie zum Teil an andere Firmen weiterverkaufen. Empfehlung: Wenn schon kostenloses Sheba auf dem Postweg, dann sollte man für die ab sofort eintrudelnde Werbung ein eigenes Postfach mieten. Vielleicht auf den Namen der Katze.

Ein waches Auge ist auch bei der Bestellung kostenloser Probeabonnements für Zeitungen und Zeitschriften geboten: Es ist ein rechtlich absolut korrekter, wenn auch selbstverständlich nicht kundenfreundlicher Schachzug, an Probeabos ein Folgeabo zu koppeln, das nur ausbleibt, wenn man es explizit kündigt. Und wer will schon 150 Euro für die tägliche Lieferung der *Augsburger Allgemeinen* abdrücken müssen, obwohl man in Osnabrück wohnt?

Die Rubrik *Steuern, Finanzen & Co.* hält für den Hobbybroker interessante Ratschläge und Seiten bereit. Wie die Aktien stehen, erfährt man beispielsweise unter *Aktienkurse und Charts.* Wer noch keine Wertpapiere hat, kann sich allgemein über das Funktionsprinzip von Börsen und über die risikosichersten Anlagen bei Online-Banken informieren (Achtung! Vorher unbedingt das Kapitel »Der Häuslebauer und der Neue Markt oder: Die Straddle-Strategie« lesen). Spannend, der Anti-Eichel Tipp: Der Klick *Steuern sparen* listet viele interessante und legale Möglichkeiten den Eintreibern des Herrn Eichel zu entkommen. Nur umsetzen muss der Verbraucher die Vorschläge noch selbst!

Der Punkt *Kommunikation* beschäftigt sich mit Brief, Postkarte, Telefon, Messenger-Programmen wie AIM oder ICQ und Nettigkeiten wie dem möglichst kostenlosen SMS-Versand via Internet. Allerdings sind komplett unentgeltliche Angebote in diesem Bereich zurückgegangen. Hier lässt sich kaum Geld sparen, außer mit der Auswahl des günstigen Telefontarifs, den aber sehr viele Seiten anbieten.

Der Bereich *Alles für die Homepage* ist vor allem für Computerfreaks, für private Webmaster in spe geeignet, die Haus, Hof und Hund im Netz der Netze vertreten sehen wollen. (Semi-) Profis werden die Hilfe von Bausatz-Programmen und das Angebot an beschränktem Speicherplatz kaum benötigen. Der Laie findet aber kostenlos einfache Programme, um seine Seiten zu »basteln«, um Chats, Foren und Umfragen zu implementieren und die eigene Web-Präsenz aktuell und komfortabel nutzbar zu halten. Und sogar den Webspace (Speicherplatz für eine Homepage) gibt es bei einigen Anbietern kostenlos oder zumindest spottbillig.

Der Unterbereich *Downloads* bietet für fast jeden etwas.

Hier kann man kostenlose Programme oder in Zeit bzw. Funktionsumfang eingeschränkte Testversionen aus allen Bereichen finden. So gibt es die sinnlosesten, aber witzigen Bildschirmschoner, Spiele, Bildbearbeitungssoftware, virtuelle Steuerberater, Netzwerktools, Verwaltungsprogramme und einiges mehr. Die Quellen scheinen zuverlässig zu sein, aber dennoch ist es stets geboten, das hoffentlich schon vorhandene Virenschutzprogramm aktiviert zu halten. Im Gegensatz zu einem gekauften Programm liegt das Risiko, sich einen Virus einzufangen, deutlich über Null.

Beim Unterbereich *Geld verdienen* ist Vorsicht angesagt. Man sollte sich nicht aufs Geratewohl anmelden und auf die zahlreichen Werbeslogans verlassen. Es ist unwahrscheinlich, dass man hier große Summen verliert, aber wer wirklich bei den Geizkragen verdienen will, der sollte sich sehr genau mit den Geschäftsbedingungen vertraut machen. In ebendiesem Bereich, nämlich Cent und nicht Euro, werden sich die Einkünfte ohnehin bewegen. Außerdem haben die offerierten Verdienstmöglichkeiten fast alle ihre Haken. Im Einzelnen:

- *Geld fürs Surfen:* Es klingt traumhaft, fürs Besuchen von Internetseiten in der Freizeit Geld zu bekommen. Allerdings klappt dies nur, wenn man regelmäßig bestimmte Seiten besucht, diese zur Startseite macht und Werbe-Popups in exorbitantem Maße in Kauf nimmt. Mal ehrlich, so pleite ist keiner, deshalb für ungestörtes Surfvergnügen lieber auf diese Möglichkeit pfeifen.
- *Geld für E-Mails:* Wieder ist die Überschrift verlockender als die Wahrheit. Man muss schon einen detaillierten Identitätsstrip hinlegen (Adresse, Alter, Ausbildung, Interessen etc.), um ein paar Cents aufs Konto zu spülen. Geld bekommt man dann immer noch nicht fürs E-Mail-Verschicken, sondern nur fürs Lesen. Man erhält aufgrund der oben genannten Angaben nämlich massenhaft Werbepost, die man bisweilen noch zu bewerten hat. Klarer Fall: Finger weg!

- *Geld für SMS:* Dritter Fall, dritter Rein-Fall. Auch hier muss man ein exaktes Profil abliefern und lästige Werbe-SMS akzeptieren, um einen lächerlichen Verdienst einzustreichen. Auch hier: Daumen runter!
- *Geld für Sonstiges:* Für die hier genannten Tipps braucht man wahrlich kein Internet. Dass man sich als Möbelpacker, Filmkomparse oder Messehostess einige Euro zusammenackern kann, ist eigentlich bekannt. Geld für Arbeit – und weiter!
- *Geld für Umfragen:* Immerhin sind hierbei die Entlohnungen etwas höher. Dafür muss man sich die Zeit nehmen, für statistische Ämter oder Meinungsforschungsinstitute Fragebögen zu den unmöglichsten Themen auszufüllen oder seine Meinung zu äußern. Wer die Zeit dazu hat und nur anonyme Befragungen mit hohen Verdiensten auswählt, der kann ein ganz nettes Taschengeld einstreichen, ohne zum gläsernen Menschen zu werden. Eine goldene Nase wird man sich damit jedoch nicht verdienen, da viele Umfragen nur jährlich oder einmalig stattfinden.

Die Rubrik *Musik, Film & Co.* bei *Geizkragen.de* wartet eher mit Bekanntem auf. Hier werden halblegale Musik-Tauschdienste wie KaZaA oder WinMX ebenso wie handfeste Platten-Tauschbörsen genannt. Bei erstgenannten Filesharing Tools sollte man vorsichtig sein – wie fast immer im Internet, wenn es etwas umsonst geben soll. Die normalen Varianten dieser Programme beinhalten nämlich so genannte Spyware, die während ihrer Onlinezeit dem Hersteller Daten über besuchte Seiten, Festplatteninhalt und schlimmstenfalls sogar Passwörter sendet. Prinzipiell ist davon auszugehen, dass auch teure Kaufsoftware wie die von Microsoft Daten überträgt, hier aber handelt es sich meist um harmlose Daten. Die mit Lite benannten Versionen bieten aber eine probate Abhilfe, da sie nach eigenen Angaben auf Spyware verzichten. So gut wie nichts kann man gegen die Angriffe der großen Plattenfirmen ausrichten, die angeblich absichtlich mit Viren verseuchte Musikdateien in Tauschdienste einschleusen. Fast alle Filesharing Tools geben an, dagegen Schutzmechanismen eingebaut zu haben. Trotzdem kann es passieren, dass man lange online ist, sich eine Datei herunterlädt, nur um dann zu erleben, dass die sich schließlich als vier Minuten Rauschen oder Stille entpuppt. Vergleichsweise zuverlässig sind Internet-Radios und kostenlose Songtexte, die aber keinen hohen Schnäppchenfaktor haben. Allerdings sollte man im Hinterkopf behalten, in keinem Fall für eines von den beiden Geld zu bezahlen!

Was mit Musik möglich ist, funktioniert natürlich auch mit Filmen. Aber: Ein dreiminütiges Musikstück ist schnell heruntergeladen, ein dreistündiger Film aber ist die Hölle! Es erfordert unbedingt eine Flatrate (Internet-Festpreis) und sehr viel Geduld – man muss Dutzende von Stunden Online sein. Bei allem Respekt vor dem technischen Fortschritt – es ist billiger und deutlich kommunikativer, gute Freunde zu besuchen, die den Film für ein paar Euro fünfzig ausgeliehen haben. Auch das kostenlose Herunterladen von so genannten E-Books ersetzt kaum die gemütliche Bettlektüre: Den meisten fällt es schwerer, am Bildschirm Texte zu verstehen, und sogar den am PC Aufnahmefreudigsten flimmern nach einigen Stunden sicher die Augen. Hier hat die Leihbücherei klar den höheren Schnäppchen- und Lebensqualitätsfaktor als Nächte vor dem ach so progressiven E-Book.

Ganz nett bei *Geizkragen.de*: Es gibt eine Extra-Ecke für Kinder und Gewinnspiele. Beides ist aber eher am Rande interessant, da man hier nur in geringem Maße Geld sparen kann. Der Haken bei den Gewinnspielen ist wieder einmal, dass die Adressen mit Werbung bombardiert werden.

Übrigens: Die Seite *Geizkragen.de* steht in Verbindung mit der Seite *Preisvergleiche.de*, welche die besten Angebote einer von den Nutzern besonders nachgefragten Produktkategorie sucht und vorstellt. Dabei beschränkt sich der Vergleich meist auf Produkte, die bei Stiftung Warentest oder einem ähnlichen Test ein mindestens befriedigendes Urteil erreicht haben.

Fazit: Sehr interessante Site, gut gepflegt und größtenteils interessant. Es gibt keine offensichtlichen, von den Betreibern der Site gewollten Nepp-Geschäfte. Hinter *Geizkragen.de* stecken übrigens zwölf Leute in einem Loft in Hiddenhausen. Mit im Großraumbüro leben zwei Hasen, die zwischen Kartons voller Produktproben umherhoppeln. Dort testen die Geizkragen-Leute alle Produkte, die sie empfehlen, immer selbst.

http://www.kostenlos.de:

Diese Seite funktioniert exakt wie *Geizkragen.de.* Auch hier ist die redaktionelle Pflege zufrieden stellend und das Angebot groß.

http://www.gratisworld.de:

Ähnliches Konzept wie die zwei vorgenannten Seiten, aber erheblich mehr Werbung und unprofessionellere Aufmachung. Hier lassen sich oft redaktionelle kaum mehr von bezahlten Inhalten unterscheiden.

Soweit zu den Sparmaschinen im Netz, soviel zu Tipps und Schnäppchenführern. Natürlich gibt es noch ganz andere Möglichkeiten, im Web Geld zu sparen, die Kinderzimmer dieser Republik wissen wie.

Musik zum Herunterladen, zugegeben eine Grauzone: Die Mutter aller Musiktauschbörsen, Napster, war für den Musikriesen Bertelsmann immerhin so interessant, dass der damalige Vorstandsvorsitzende Middelhoff eine Menge Geld zahlte, um Napster aufzukaufen. Ist es statthaft, Musik aus dem Internet herunterzuladen? Ist es statthaft, Plattenmillionäre um ihre sauer verdienten Tantiemen zu bringen? Wir wollen an dieser Stelle keine moralische Debatte führen – Tatsache ist: Millionen

Menschen tun es, und es ist mehr als nur eine Überlegung Wert, ob man sich in knappen Zeiten nicht dieser Gemeinde anschließen sollte.

Ein Blick auf *Amazon.de* macht klar: Wer sich zwei oder drei CDs kauft, muss bei jeder der Silberscheiben mit mindestens 15 Euro rechnen, auch die 20-Euro-Grenze wird bisweilen überschritten. Ein teurer Spaß also, wenn man an einem Song Gefallen gefunden hat, den es natürlich nicht als Single gibt. Und auch als so genannte »Maxi« erhältliche Titel machen den Käufer um 6 bis 8 Euro ärmer – für den Song selbst und drei uninteressante Extended-, Club- und Karaoke-Versionen. Kein Wunder, dass da viele zu Filesharing-Tools, zu Deutsch »Dateientausch-Werkzeugen«, greifen.

Das populärste dieser Werkzeuge ist das Programm KaZaA. Es ähnelt – wie fast alle Programme – Napster, der Mutter aller Tauschbörsen. Wem KaZaA nicht gefällt, der kann auf BearShare, Grokster, eMule, WinMX oder audioGnome umsteigen. Auch wenn diese Programme ebenso gut funktionieren, sind sie weniger beliebt und können daher auf einen kleineren Pool von Musikdateien herunterladen. Napster dümpelt indes auf dem kostenpflichtigen Markt vor sich hin.

Übrigens: Bei KaZaA und anderen kann man auch andere Dateitypen außer *.mp3 herunterladen, beispielsweise Software, Bilder oder Videos.

Zwei Hinweise vorab: Es empfiehlt sich, auch hier nach den Lite-Versionen der Tauschprogramme zu suchen, denn diese verzichten auf die schon beschriebene Spyware.

Zweitens muss ein Virenscanner mit aktuellen Virendefinitionen auf dem Computer aktiviert sein. Nach zahlreichen juristischen Fehlschüssen gegenüber diesen Programmen ist die Musikindustrie inzwischen zu Guerillamethoden übergegangen und versucht mit Hilfe virenverseuchter Dateien die Tauschdienste zu unterlaufen. Gegen »geloopte« Dateien, das heißt Dateien in der Originallänge des Titels, die aber nur aus der

Wiederholung eines 30-sekündigen Liedteils bestehen, kann man nur eines machen – weitersuchen!

Ein konkretes Beispiel:

Wir wollen ein Fest veranstalten und selbst den DJ geben. Gefragt sind also neben aktuellen Dancehits auch die allseits beliebten Klassiker aus den 70ern und den 80ern. Wir begeben uns also via KaZaA Lite auf die Suche nach drei Titeln: »The Ketchup Song« von Las Ketchup für die Jungs und Mädels aus der Chartsfraktion, »Each Time You Break My Heart« von Nick Kamen für die 80er-Jahre und »I Can't Stand The Rain« von Eruption für die Discofreunde der 70er. Es empfiehlt sich, eine Einstellung zu wählen, die nur Dateien ab einer Qualität von *at least 128 kbps* (zu Deutsch: mindestens 128 Kilobyte pro Sekunde) herunterlädt. Dies ist eine annehmbare Qualität – auch bei entsprechender Lautstärke – und die Größe der Dateien kein Problem für die meisten gängigen Festplatten.

Für ein dreiminütiges Stück wie »I Can't Stand The Rain« werden also 3,5 MB belegt. Eine etwas gehobenere Qualität sind 160 kbps, 192 kbps gelten als CD-Qualität. Es ist unsinnig, für eine einfache Musiksammlung in Höhen von 320 kbps aufzusteigen.

Nun also an die Ergebnisse der Suche:

- »The Ketchup Song« schien ob seiner momentanen Popularität die leichteste Beute. Und tatsächlich: Es gibt eine Menge Downloadquellen, und mit DSL flutscht die Datei in beliebiger Qualität innerhalb weniger Minuten auf den eigenen Computer. Sie entpuppt sich als qualitativ einwandfrei – vom Inhalt ganz zu schweigen. Wir haben unser Ziel jedenfalls erreicht!
- »Each Time You Break My Heart« bringt ein wesentlich ernüchternderes Ergebnis mit sich. »Suche ohne Ergebnis abgeschlossen« vermeldet KaZaA trocken. Dann eben keine 80er-Party ...
- Die Eingabe »I Can't Stand The Rain« im Feld »Titel« lässt

auf eine positive Schlussbilanz dieser Stichprobe hoffen, denn sie fördert einige Ergebnisse zutage. Der Download dauert hier etwas länger, doch nach einer knappen Viertelstunde liegt auch dieser Song in unserem Ordner. Das Anhören lässt sich durchaus gut an, aber gerade als das Tanzbein zu jucken beginnt, werden wir enttäuscht: Der Songtext ähnelt auf einmal mehr fremdländischen Wortfetzen als einem Discohit, bedingt durch sekündliche Aussetzer. Was gut anfing, geht hier leider enttäuschend zu Ende.

Fazit: Wer das Ohr am Puls der Zeit hat, der ist bei den Filesharing-Diensten völlig an der richtigen Stelle. Die aktuellen Charthits sind zu 95 Prozent in guter bis sehr guter Qualität zu finden, von gelegentlichen Reinfällen auf unbrauchbare Dateien abgesehen. Wer lieber viertelstündige Rockorgien, Jazz, klassische oder gar Orgelmusik hört, sollte keine allzu großen Hoffnungen in die Tauschbörsen setzen. Hier gilt eher die Devise: »Auch ein blindes Huhn findet mal ein Korn« – aber nicht viel mehr. Ein kleiner Trost: Best-of-CDs und Oldiesampler sind oft wesentlich billiger oder gebraucht zu finden. Die Liebhaber von Klassik und Orgelmusik müssen wir an dieser Stelle weinend zurücklassen.

Im Klartext: Ab einem bestimmten Alter werden die Möglichkeiten des Tauschens immer theoretischer, aber okay, die Kids haben es wohl auch nötiger.

9 Sparen aus der Steckdose oder: *Lust auf einen Seitensprung?*

Seit Geiz geil ist, wird sogar der profane Wechsel des Stromanbieters zum erotischen Happening. Gelb vor Neid soll der Verbraucher werden, wenn er die niedrige Rechnung seines Nachbarn sieht, der seine Steckdose von Yello (»Gelb. Gut. Günstig.«) mit billigem Atomstrom füttern lässt. Die derzeitige Kampagne von Yello wirbt tatsächlich mit der Frage: »Lust auf einen Seitensprung?« und verspricht drei Monate Strom satt für nur 199 Euro. Wer sich bis zu einem bestimmten Zeitpunkt zum Fremdgehen entschließt, kann also Tag und Nacht das Licht nicht nur im Bad brennen lassen, den Fernseher auf Stand-by belassen, mit Töpfen ohne Deckel kochen, auf Restwärme pfeifen sowie halbvolle Wasch- und Geschirrspülmaschinen anwerfen, ohne dass sich seine Stromrechnung um einen Cent erhöht.

Welch wunderbare Vorstellung für einen mörderischen Verschwender!

Jenseits all dieser Lockvögel, die diverse Stromanbieter immer wieder fliegen lassen, lohnt es sich aber tatsächlich, die eigene Stromrechnung unter die Lupe zu nehmen. Seit der bundesweiten Liberalisierung des Strommarktes im Jahr 1998 können sich Privatkunden ihren Lieferanten frei wählen. Umfragen haben ergeben, dass bereits 83 Prozent aller Stromkunden nach einem neuen, billigeren Anbieter suchen. 6 Prozent wollen abwarten, 11 Prozent auf jeden Fall ihrem regionalen Anbieter treu bleiben, egal, wie teuer der seinen Strom verkauft.

Auch ich habe zunächst Hemmungen, meinen alteingesessenen Stadtwerken den Hahn zuzudrehen. Wir könnten ja plötzlich im Dunkeln sitzen, mit nassen Haaren und kalt, weil der neue Lieferant Libero pleite macht? Und, nicht zu vergessen, da ist Schwiegermutter. Warnend hebt sie den Zeigefinger, wenn es um solche Risiken geht. Da müsse doch sicher der Zähler ausgebaut werden! Sie stöhnt vorbeugend: »Was das für einen Dreck gibt!« Doch nach einem letzten Blick auf meine Gehaltsabrechnung bin ich zum Seitensprung entschlossen, auch weil's die Schwiegermutter ärgert. Ich bin entschlossen zu sparen, ich wage ich mich an das Thema Stromanbieter.

Zunächst einmal will ich klären, ob wir überhaupt zu viel für die Bequemlichkeit aus der Steckdose zahlen. Dazu muss ich wissen, was wir jährlich an Strom verbrauchen. An einem trüben Samstagnachmittag ziehe ich den dicken Ordner hervor, in dem alle unangenehmen Rechnungen abgeheftet sind. Besonders unhandlich und absolut unübersichtlich ist die Jahres-Endabrechnung der Stadtwerke, doppelt gefaltet und voller geheimnisvoller Zahlen. Es gab vor Jahrzehnten mal einen Bundeskanzler Schmidt, der meinte, in einem Staat, in dem der Normalbürger nicht mehr seine Gasrechnung verstehen könne, sei was faul. Wenn Sie wüssten, lieber Herr Altkanzler. Doch dann, nach beharrlicher Suche, finde ich die entscheidende Angabe: Kilowattstundenverbrauch. Sie liegt in unserem Fall bei jährlich 3033 kWh.

Und ab jetzt wird es einfach und zum Nachahmen dringend empfohlen: Im Internet gibt es eine wirklich hervorragende Adresse für alle, die sich in Sachen Strom informieren wollen: *http://www.strom-magazin.de.* Die Seite bietet einen so genannten Tarifrechner an. In diesen Tarifrechner trage ich unseren jährlichen Stromverbrauch ein. Dabei kann ich wählen, ob mir die Ergebnisse lediglich nach Preisen geordnet angezeigt werden, also der billigste Anbieter an der Spitze der Tabelle steht, oder ob es mir dazu wichtig ist, dass auch Service und Seriosität beurteilt werden. Ich denke an die Schwiegermutter und wähle das doppelte Plus, denn so ganz auf Service verzichten möchte ich nicht. Ein kurzer Druck auf die Enter-Taste und

– Wunder der Technik – es erscheint eine klare, übersichtliche Tabelle. Meine Stadtwerke kommen darin nicht vor.

Stattdessen werden mir bundesweit Stromanbieter genannt, die ihre Kilowattstunden deutlich günstiger verkaufen. Wer trotz Sparzwängen auf Öko achten will, für den gibt es auch ein Angebot: Hundertprozentig »sauberer« Strom, weil nur aus Wasser, Wind und Sonne gewonnen. Wer die Wahl hat …

Aber Watt, wat nu? Die übersichtlich angeordnete Seite *strom-magazin.de* bietet mir neben sämtlichen Internet- auch die Postadressen der Stromanbieter. Der von mir für den Seitensprung Auserwählte bekommt sofort eine Mail, in der ich ihn um ein Vertragsformular bitte. Schon drei Tage später kommt die Antwort. Und nun geht alles wirklich ganz, ganz leicht. Denn mein »neuer Freund« nimmt mir alle Arbeit ab. So gehört sich das bei einem ordentlichen Seitensprung! Mein Freund ist übrigens keine Ausnahme. Jeder Energieversorger bietet diesen Service. Meinen Vertrag mit meinem Ex, den Stadtwerken, muss nicht ich kündigen, das erledigt der neue Lieferant. Dazu muss ich ihm nur eine Vollmacht erteilen. Mache ich gerne, wenn er dafür die ganzen Formalitäten bewältigt.

Und das tut er. Schon nach wenigen Tagen erfahre ich von meinem Stromkavalier, dass meine Kündigungsfrist bei den Stadtwerken acht Wochen beträgt, ich den frischen Billigstrom also in knapp zehn Wochen beziehen kann. Und der Zähler muss natürlich nicht ausgebaut werden, der bleibt, wie er ist und wo er ist! Hallo Schwiegermutter – gute Nachrichten! Nur einmal, als ich nachts aufwache und schlaftrunken den Lichtschalter verfehle – alles bleibt dunkel –, beschleicht mich erneut die Panik der ertappten Geliebten: Was tun, wenn mein neuer Freund insolvent wird? Was war mit der Essener Riva AG und dem Berliner Anbieter Ares? Die hatten zusammen mehr als 250 000 Kunden, und jetzt sind sie pleite. Wird mir dann nicht doch der Saft abgedreht? Nein, wird er nicht! Weder in Essen noch in Berlin haben die Kunden im Dunkeln gesessen. Es ist gesetzlich geregelt, dass der örtliche Stromanbieter die Kunden dann drei Monate lang in die Notversorgung übernehmen muss, und diese Zeit reicht satt, um einen neuen Anbieter zu finden. Tatsächlich geht bei mir alles glatt. Die Stadtwerke lesen meinen Zähler ab und stellen eine Schlussrechnung. In meiner Wohnung bleibt es hell und warm, freundlich erleuchtet mit Billigstrom.

Dank Seitensprung spare ich nun jährlich rund 233,60 Euro, das sind, wenn man ganz altmodisch in Mark denkt, fast 500 Mark. Dafür muss eine alte Frau schon ziemlich lange stricken! Und mich hat es nur einen Samstagnachmittag gekostet.

Aus lauter Freude am Geiz nehme ich auch meine übrigen »Strom-Gewohnheiten« unter die Lupe. Tagesbefehl: Licht löschen, wenn man das Gelände verlässt. Ein Fernseher im Stand-by-Modus verbraucht bis zu 20 Kilowattstunden im Jahr. Wer mehrere davon zu Hause hat, bei dem kommt da schon einiges zusammen. Regeln für Familien: Wer den Fernseher nicht ausschaltet, sondern Stand-by belässt, wird mit dem Ausräumen der Spülmaschine bestraft. Und wer die wieder mal anmacht, wenn nur drei Teller und ein Glas geladen sind, darf den nächsten Sonntagsabwasch mit der Hand machen. Meine Cerankochplatte ist noch fast 20 Minuten nach der eigentlichen Benutzung heiß, »Restwärme« nennt man das. Eigentlich habe ich nie drüber nachgedacht, jetzt lerne ich, sie zu nutzen. Das gilt auch für den Backofen. Und weil auf jedes Töpfchen ein Deckelchen passt, kommt ab sofort auch immer eines drauf.

Mit ein bisschen Disziplin, da bin ich mir sicher, kommen noch mal 200 Euro im Jahr auf das Stromkonto, ohne dass man sich groß einschränken muss. Natürlich kann man mit dieser Summe keine Weltreise machen, aber »Kleinvieh macht auch Mist!«, meint jetzt auch Schwiegermutter und wechselt den Stromanbieter. Schon weil der Zähler nicht ausgebaut werden muss.

10 Der Häuslebauer und der Neue Markt oder: *Die Straddle-Strategie*

Na, klar kennen Sie auch einen! Jeder hat einen dieser jungen Männer (vereinzelt auch Damen) im Bekanntenkreis. Ich rede von den Jungs, die jahrelang mit einem wissenden, manchmal fast verklärten Blick, starr den roten Börsenticker von n-tv beobachteten. Besser noch auf Bloomberg-TV, da gibt es bis zu drei Laufbänder. Häufig sah man die fixen Jungs die Nadelstreifen wechseln, die Marken wurden schicker, solange der Neue Markt boomte. Mehr als einmal saß ich in unserer Kneipe und kam mir vor wie der letzte Depp, da ich scheinbar allein auf weiter Flur stand und mit Bookbuilding-Spanne und all den anderen netten Begriffen nichts anfangen konnte. Da ich bei der Sparkasse organisiert bin, gingen all die schicken Neuemissionen glücklicherweise an mir vorüber. Dann platzte der Traum, und das große Jammern begann. Ich werde Ihnen jetzt Gottlob S. vorstellen, einen cleveren Wirtschaftsjournalisten, dem der finanzielle Erfolg sicher zu sein schien, denn er ist Schwabe. Und genau deswegen traf es ihn besonders hart.

Gottlob S., 35 Jahre:

»Schaffe, schaffe Häusle baue!« Mit diesem Lehrsatz wurde ich vor vielen Jahren in die Weisheiten der traditionellen schwäbischen Kapitalanlage eingeführt. Damals war ich gerade mal vier Jahre jung und Chef einer Mini-Krabbelgruppe. Berichte über meine zwei kleinen Schwestern möchte ich Ihnen ersparen. Damals fand ich sie einfach doof. Oma und Opa haben mir zum Geburtstag einen Satz Bauklötzchen geschenkt und 50 Mark dazu. Noch bevor ich aufrecht gehen konnte, hatte ich mit den Klötzchen ein schnuckeliges »Häusle« gebaut – rot, grün, gelb und blau, und es hatte gleich fünf Dächer. Na ja, Opa hat beim Bauen geholfen. Aber Mama und Papa waren stolz. So wünschen sich Schwabeneltern ihren Nachwuchs: lauter kleine »Ich-AGs«.

Und was macht ein vierjähriger Schwabenbengel mit 50 Mark? Richtig! Aufs Sparbuch einzahlen. 2 Prozent Zinsen kassieren, jedes Jahr, damit »der Bub, wenn er groß ist, auch mal was hat«. Aber wann lohnt sich das Einzahlen? Natürlich nur in der Weltsparwoche, denn da gibt's gleich ein Stofftier kostenlos dazu. Und wenn man sogar Konten bei zwei verschieden Banken hat, dann kann »der kleine Sparer« noch ein anderes Geschenk abstauben, wie in meinem Falle ein tolles Spielzeugauto, vom Daimler natürlich.

Das war der erste Feinschliff einer Sparkarriere, die ich hätte fortsetzen sollen. Meine Finanzkarriere sollte nämlich später einmal im Desaster enden. Doch der Reihe nach.

Meine Jugend verbrachte ich schwäbisch asketisch. Meine Eltern sparten an genau den Dingen, die mir viel Spaß gemacht und für die ich viel Geld ausgegeben hätte. Keine Video-Spiele, keine China-Böller, keine Raketen an Silvester. Und anstelle des heiß ersehnten Mofas überraschten mich die Eltern an Weihnachten mit einem zugegebenermaßen hoch verzinsten Geschäftsanteil der ortsansässigen Volksbank (würde ich heute jedem empfehlen; bringt über 7 Prozent Zinsen und ist absolut sicher) und fünf Daimler-Aktien (Wertpapier-Kennnummer: 710000, heute DaimlerChrysler). Das fanden Mama und Papa äußerst solide und gut ausgewählt, ich dagegen verdammt spießig. Zumal die komischen Geschäftsanteile längere Zeit gar nicht verkauft werden durften und für den Verkauf der Aktien Papa unterschreiben musste. Sprich, mit all dem vielen Geld konnte ich nichts, aber auch gar nichts anfangen. Motto: »Spare in der Zeit, dann hast du in der Not.«

Kein Wunder, dass ich die »Armut auf hohem Niveau« bald satt hatte. Mit 18 wollte ich aus der Welt des Sparens und des schwäbischen Geizes ausbrechen und das Leben genießen.

Doch das war gar nicht so einfach. Was sollte ich mit dem schönen Geld anfangen? Einfach so das Sparbuch auflösen, Geschäftsanteile und Aktien verkaufen und in teure Autos, Champagner und erstklassige Grand Cru classés investieren? Das konnte – nein, das wollte ich mir nicht leisten. Seit es ans eigene Portemonnaie ging, drehte ich jede Mark zweimal um. Ich sparte fast noch mehr als meine Eltern, aber nicht ganz so perfekt. Papa handelte bei Banken immer mal wieder ein halbes Prozent mehr raus und seine Aktien waren profitabler als die, die ich mir ausgesucht hätte. Einmal kassierte er sogar mit einem popligen Festgeld 6,5 Prozent Zinsen für 30 Tage, ich hatte bei einer anderen Bank nur 5 bekommen. Das hat wehgetan. Also musste sich was ändern in meinem Leben, zumal mir Geiz und Sparen langsam sogar Spaß machten. Die Lösung: Ich musste Bankkaufmann werden.

Hoch motiviert betrat ich am ersten Tag die Volksbank, die mein Finanztalent schon damals erkannt hatte. Die Deutsche, die Dresdner, die Commerzbank und auch die Sparkasse waren dilettantisch und lehnten meine Bewerbung ab. Und die Volksbank war eine gute Wahl. Sechs hübsche Nachwuchsbankerinnen hat die VoBa eingestellt und nur drei Jungs. Die Mädchen gefielen mir so gut, dass ich erstmals seit längerer Zeit nicht mehr an Aktien und Renditen, sondern an »das Andere« dachte. Ich war sogar so in Gedanken versunken, dass ich auf eine erste, bösartige Bemerkung meines Chefs nur freundlich zurücklächelte. Als mir die Gemeinheit viel später bewusst wurde, hätte ich ihm am liebsten eine gescheuert. So war es dann wohl doch besser.

Ich trug nämlich an meinem ersten VoBa-Tag keine Krawatte und Leiter S. meinte nur, »es sei wohl sehr luftig heute«. Mein Chef, der Bankleiter S., ist der größte Pfennigfuchser, den ich je kennen gelernt habe. In der Bank sagten ihm bösartige Zungen nach, er habe einmal im Pfandhaus seinen Mercedes für 100 Euro versetzen wollen. Dem Pfandleiher sei die Sache seltsam vorgekommen, dennoch habe er das Auto angenommen. Drei Wochen später löste er sein Pfand wieder aus – für 100 Euro und 5 Euro Gebühren. Als ihn der Pfandleiher nach dem Sinn der Aktion fragte, soll er gesagt haben: »Ich war in Urlaub – und wo sonst kann ich mein Auto für fünf Euro drei Wochen lang parken?« So war mein Chef. Einmal hat er sogar drei Äpfel in der Registratur versteckt, nur um zu schauen, ob auch die Putzfrauen ordentlich arbeiten. Die Äpfel lagen auch noch Tage später da, wo er sie platziert hatte. Es gab ein Donnerwetter. Diesem Mann konnte man sein Geld anvertrauen. Menschlich war er eine Null, aber im Sparen ein As. So verweigerte er mir damals zwar eine Gehaltserhöhung, empfahl mir aber unter vier Augen irgendeine australische Goldminenaktie, von der ich noch nie etwas gehört hatte und deren Name ich auch schon wieder vergessen habe. 1500 Euro Kursgewinn in einem Monat machten die Gehaltserhöhung fürs Erste obsolet.

Übrigens, mit einer der hübschen Azubinen habe ich dann sogar eine längere Affäre begonnen. Obwohl sie Bankerin werden wollte, hatte sie vom Sparen ganz sicher noch nie etwas gehört. Sieben sündhaft teure Lippenstifte, acht Lederhandtaschen von allen bekannten Nobelmarken, unzählige Goldringe, viele mit dicken Steinen, ständig neues Parfüm und Besuche beim Starfriseur um die Ecke. Selbstverständlich musste sie immer in den neuesten und teuersten Markenklamotten rumlaufen, und sogar ihre Dessous waren vom Feinsten.

Und nun raten Sie mal, wer das alles bezahlen sollte? Sie war zwar gut im Bett, aber ihre Nebenwirkungen hätten mich fast in den Ruin getrieben. Mein Konto freute sich, als wir uns endlich trennten. Die teure Freundin abgeschossen, die Berufsausbildung abgeschlossen – meine Probleme schienen auf einen Schlag gelöst. Fortbildung war jetzt angesagt: Ich wollte Diplom-Sparer an der Universität werden und möglichst schnell eine reiche Frau heiraten. Deshalb gab ich schnell eine Anzeige in der örtlichen Zeitung auf. »Suche Millionärin mit Herzfehler für längere Bergtouren«, oder so ähnlich. Es gab sogar ein paar Bewerbungen, aber keine der Frauen hatte genügend Geld.

Meine Studienzeit begann äußerst asketisch. Ich hauste in einer Studentenbude im Tiefparterre, ehrlich gesagt einem Keller. Für die immer noch sündhaft teure Miete von 75 Euro warm. Das Appartement war schimmlig, aber man sah es kaum. Toilette und Dusche befanden sich eine Etage höher. Meine alten Klamotten waren alle noch top in Schuss, Anzug und die Krawatte, die ich mir extra für die Volksbank gekauft hatte, reichten zum Ausgehen. Dass auf dem weißen Hemd ein Fleck war, der auch hartnäckigem Waschen widerstand, war kein Problem. Sakko drüber und keiner hat was gemerkt. Zum Essen reichte ein Big Mac, und am Sonntag leistete ich mir auch mal ’ne Pizza. Dazu ein Lambrusco und – wenn die Pizza mit Freunden geteilt wurde – natürlich auch mal einen Chianti von Aldi. Es ist ja nicht so wie bei armen Leuten! Aber wie kann dieses Luxusleben finanziert werden? 500 Euro monatlich von Papa, 200 Euro durchs Kassieren und Autowaschen an der Tankstelle und 35 Euro Trinkgeld durchschnittlich. Macht summa summarum 735 Euro. Nach Abzug aller Unkosten und einigen Tagen, an denen ich nur Leitungswasser getrunken und gefastet habe, blieben mir noch 300 Euro zur Kapitalanlage monatlich. Und wie sagte der Professor: Immer das Geld für sich arbeiten lassen. Nicht 35 oder 40 Stunden, wie es die Gewerkschaft will, nein, das Geld muss rund um die Uhr arbeiten und dabei noch Nachwuchs produzieren. Kleine Scheine, die dann gleich weiterschuften. Zinseszins nennt das der Banker. Ich habe mein Geld wohl ein bisschen überfordert beim Schuften. Schon bald hatte es einfach keinen Bock mehr.

Ich hatte schon immer von einer Gelddruckmaschine geträumt, jetzt aber wollte ich mich endgültig vom Schwaben emanzipieren und kaufte echte Zockerpapiere. Leider aber war das Ergebnis etwas anders als erwartet. Ich erwarb Kauf- und Verkaufsoptionen einer Aktie, in diesem Falle VW, für 10 000

Euro. Die Cracks, und als ein solcher fühlte ich mich jetzt, nennen das die Straddle-Strategie. Man kann innerhalb eines Monats reich werden, vorausgesetzt der Kurs der Aktie ist sehr volatil, das heißt, es kommt zu großen Kursschwankungen. Nur eines darf nicht passieren, der Kurs darf nicht unverändert bleiben. In dem Monat, in dem ich investiert hatte, bewegte sich der Kurs der Aktie nur um wenige Cents. Folge: Die Kaufoption, die auf steigende Kurse setzt, und die Verkaufsoption, die auf fallende Kurse setzt, crashten beide und bescherten mir einen Totalverlust. 10 000 Euro einfach futsch, nur weil mein Geld keinen Bock mehr hatte, für mich zu arbeiten.

Kurz danach war ich wieder einmal verliebt. Eine Kommilitonin rief mich mitten in der Nacht an, weil sie angeblich von einer riesigen Spinne bedroht wurde. Als echter Gentleman machte ich mich sofort auf den Weg, um ihr Leben zu retten. Die Spinne war noch gewaltiger, als ich sie mir in meinen kühnsten Träumen vorgestellt hatte. Und ich hatte tatsächlich auch ein wenig Angst, was ich aber der Süßen nicht zeigen wollte. Einen kurzen Moment lang dachte ich sogar an einen Kammerjäger, der das Tier professionell hätte erlegen können. Doch ich wusste, diese Dienstleistung konnte ich mir nicht mehr leisten. Also musste ich ein kleiner Held werden. Aus ihrem Küchenschrank nahm ich das größte Glas und näherte mich todesmutig der Spinne, die an der Wand krabbelte. Mit dem Gefäß konnte ich sie tatsächlich fangen und ihr am nächsten Tag die Freiheit schenken, natürlich im Zimmer des Nachbarkommilitonen. Wie selbstverständlich nahm sie mich in die Arme und verbrachte »aus Sicherheitsgründen« die ganze Nacht mit ihrem Retter.

Und schon am nächsten Nachmittag wurde ich ihrer Mutter vorgestellt. Die hatte meine Kommilitonin nämlich zum Kaffee eingeladen, und so wurde ich gleich in die Familie eingeführt. Die Mutter tat so, als würde ihr schon der neue Schwiegersohn gegenüberstehen. Sie sprach über ihr großes Grundstück, das Haus und vor allem über den Garten, für den die Eltern das

Leben lang gespart hatten. Und tatsächlich, es war ein kleines Schmuckstück. Unter jeder Blume sah ich schon eine Zweihunderter-Note sinnlos verbuddelt und unter jedem Salatkopf vermutete ich ein Goldstückchen – welche Geldverschwendung! Unverblümt aber fragte die Mutter nach meinen Eltern, deren Beruf und ob ich denn einmal Sparkassendirektor mit vielen Angestellten werden wolle. Ich erzählte ihr von meinem Fauxpas mit dem Straddle und dass ich gerade pleite sei und sparen müsse. Sie reagierte mit etwas steifer Oberlippe und war eindeutig *not amused.*

Von da an war ich als potentieller Schwiegersohn von einer Sekunde auf die andere wieder abgeschrieben, das Gespräch stockte und holperte ganz plötzlich. Irgendwann aber schien sie sogar Mitleid zu entwickeln, wie es viele Mütter tun. Es war mir äußerst peinlich, als sie plötzlich mir, einem fast diplomierten Erfolgssparer, hausfrauliche Aktientipps geben wollte. Die seien wenigstens sicher, behauptete sie. Das wisse sie aus eigener Lebenserfahrung. Fehler habe sie in ihrem Leben noch keine gemacht und das solle sich auch in Zukunft nicht ändern. Mit diesem äußerst naiven Optimismus gab sie Geld für zukünftige Aktiengewinne, die sie natürlich noch nicht hatte, schon im Voraus aus. Es wurde bereits ein sündhaft teurer Gärtner angestellt, der jeden Grashalm im Garten kunstfertig mit einer Schere einzeln abschneiden und pflegen sollte.

Die Sache hatte nur einen kleinen Haken: Um sich diesen Luxusgärtner leisten zu können, haben die beiden all ihre Sparbücher aufgelöst und dafür Post- und Telekom-Aktien gekauft. Ihre Entscheidung stützten sie darauf, dass der Bund ja eine Volksaktie herausgegeben habe und eine Volksaktie sei ja eine sichere Sache. Außerdem verehrte die Mutter die Werbepartner der Unternehmen, und was sind schon Warnungen gegen Thomas Gottschalk und Manfred Krug. Die Gottschalks, die Werbepartner der Post, seien ja so süß. »Wenn die ihr Gesicht für die Post hergeben, dann kommt hinten viel Rendite raus«, war ihre

Überzeugung. Und Manfred Krug, der Mann, der für das magentafarbene T steht, sei schon immer seriös gewesen, davon habe sie sich in jedem Tatort überzeugen können. Und Jan Ulrich wusste zu diesem Zeitpunkt noch nicht, wie man Ecstasy buchstabiert. Überzeugt hat sie ihre Tochter gleich doppelt. Erstens von den Vorzügen der Volksaktien und zweitens davon, dass ich nicht der Richtige für sie sei. Und schon an diesem Nachmittag trennten sich unsere Wege. Ich musste wieder zurück in meinen Keller. Heute wird wohl der neue Schwiegersohn die Stelle des Gärtners eingenommen haben und mit Schwiegermama Salate anpflanzen müssen, die man im Supermarkt im Dutzend billiger bekommen hätte. Doch das ist seine Sache. Meine Rache war schlicht und fürchterlich – ich behielt mein Insiderwissen über Post- und Telekom-Aktien tunlichst für mich und ließ die Damen wissentlich in ihren Ruin rennen.

Was, Sie haben auch in Post und Telekom investiert? Einfache Beobachtungen hätten Sie warnen können. Haben sie jemals bei der Post Mitarbeiter in Hektik gesehen? Wenn Sie am Postschalter angestanden haben, haben Sie da jemals unter 20 Minuten gewartet, bevor Sie bedient wurden? Nein, die Post ist nach meiner ganz persönlichen Erfahrung eher eine Schneckenpost denn ein visionäres Logistikunternehmen.

Und dann die Telekom, die nicht einmal lange Leitungen verlegen kann. Seit fünf Wochen schon warte ich auf meinen Anschluss, und gestern erfuhr ich über die Servicehotline, in der ich geschlagene 15 Minuten warten musste, dass es noch drei Wochen dauern könne. Die besten Warnungen sind Alltagsbeobachtungen. In solche Unternehmen aber hat meine superschlaue Beinahe-Schwiegermutter Geld investiert. Sie hat die Werbung der Herren Gottschalk und Krug gleich mitbezahlt. So können sich die Werbestars die Bäuche mit Kaviar und Champagner voll schlagen, auf ihre Rechnung. Ich war mir sicher, dass ich auf solche Bauernfängerei nie reinfallen würde. Ich war Profi, ich war gierig, ich wollte reich werden.

Ich setzte auf Wachstum, auf Zukunft und deshalb natürlich auf den Neuen Markt. Meine großen Favoriten waren EM.TV, Comroad und Gigabell.

Jetzt endlich schien es zu klappen. Ich habe mein ganzes Geld auf diese Unternehmen gesetzt und war mir sicher, dass ich innerhalb weniger Monate Millionär werden würde.

Ich erinnere mich noch an eine EM.TV-Hauptversammlung in München und mein damaliges Idol Thomas Haffa. Es war wie immer eine perfekte Show, in der eine Bilanz voller tausendprozentiger Steigerungen präsentiert wurde. Schnelle, grelle Filme bestätigten mein großes Investment. Gottgleich breitete Thomas Haffa am Ende der Show die Arme aus und verkündete den Vorstoß auf den Weltmarkt. Es war schon märchenhaft, was dieser Mann so alles geschafft hatte. Wer beim Börsenstart schlappe 2750 Euro locker machte, der war Ende 1999 Millionär. Damals war EM.TV fast genauso viel wert wie die Lufthansa, die mit 55 000 Mitarbeitern knapp 11,5 Milliarden Euro Umsatz geschafft hat. Zu jener Zeit sagte Haffa, es sei »noch sehr viel Luft drin im Wachstum«, und ich glaubte daran. Leider aber war viel Luft in den Kursen und der Luftballon platzte schnell, ebenso wie bei Comroad, meinem zweiten Hoffnungsträger. Der Anbieter von Navigationssystemen hatte seinen Umsatz fingiert, auf Kosten meines Kurses.

Und dann folgte Gigabell. Ich könnte mir heute noch die Haare raufen, wenn ich daran denke, dass ich dem Gigabell-Chef, einem ehemaligen Schlagersänger, der das Wort Bilanz noch nicht einmal buchstabieren konnte und der nicht einmal zu Ende studiert hat, mein Geld anvertraut habe. Und tschüß, ihr schönen Scheinchen!

Bislang habe ich mich immer etwas davor gedrückt, meine persönlichen Gefühle zu beschreiben. Natürlich habe ich genau analysiert, wie sehr die Verluste mein Leben langsam, aber schmerzhaft veränderten.

Rückblickend kann ich sagen, dass ich mein hart verdientes Geld nicht mit der Schaufel zum Fenster rausgeschmissen habe, nein das reicht nicht. Ich habe es schubkarrenweise getan. Schlaflose Nächte und psychische Probleme waren eine Folge. Ich bin kaum noch zum Essen ausgegangen, weil ich sparen musste. Ich wurde zum Spieler, zum Börsenjunkie. Ich glaubte, ich könnte meine Verluste wieder ausgleichen. Jeden freien Cent habe ich wieder in Aktien investiert, deren Kurs kurz darauf wieder gefallen ist.

Besonders beeindruckend war für mich zu sehen, wie sie alle logen, meine erfolgreichen Freunde und Partner. Fast jeder, der in »Neue-Markt«-Aktien investiert hatte und nicht spätestens 2000 ausgestiegen ist, hat nur mit seinen Gewinnen geprahlt und seine Verluste verschwiegen. Es war ein Börsenhype, bei dem sich jeder schon als Millionär gesehen hat. So wie ich sind die meisten Aktionäre viel zu spät ausgestiegen. »Der Bundeshaushalt ist ungefähr so groß, wie allein mit der Telekom-Aktie Kapital verbrannt wurde«, sagte Ulrich Wickert einmal in den Tagesthemen sinngemäß. Recht hat er.

Die Schicksale hinter den Insolvenzen und Kursstürzen sind schlimm. Ich habe zwar fast mein ganzes Guthaben, rund 150 000 Euro, verschleudert, im Vergleich zu einigen anderen geht es mir aber immer noch gut. Immerhin habe ich als Schwabe immer eine Börsenregel beachtet und nie Aktien auf Kredit gekauft. Heute habe ich zwar fast kein Geld mehr, aber auch keine Schulden. So kann ich wenigstens wieder von vorne anfangen.

Ich werde jetzt in sichere Anlagen investieren: in langweilige Festgelder, und bald werde ich meinen ersten Bundesschatzbrief kaufen. (Das ist ein festverzinsliches Papier, sehr solide verzinst, bei jeder Bank zu haben). Wenn ich wieder ein bisschen Geld auf der Seite habe, dann investiere ich in einen Bausparvertrag und spare auf ein kleines Reihenhäuschen. *Back to the roots*, schwäbisch solide halt: »Schaffe, schaffe Häusle baue.«

Übrigens: Von Aktien werde ich in Zukunft erst mal die Finger lassen. Denn unser Sparminister, Hans der Krawattenmann, will mit seiner geplanten Spekulationssteuer auch noch an Kursgewinne ran. Kursgewinne, der Mann hat Humor. Wenn mich Freunde heute nach Anlagetipps fragen, fällt mir auf, dass meine Antworten immer konservativer werden. Kein Leuchten in den Augen mehr, kein Wispern in der Umkleidekabine nach dem Tennis- oder Squashmatch. Was gibt's auch groß zu wispern, wenn man Sparbriefe, Bausparverträge und Lebensversicherungen empfiehlt.

Heute heißt es: den Kopf einziehen, in Deckung bleiben; und für die, die noch was haben – achtet auf eine vernünftige Streuung, Immobilien, Gold und Geldanlagen mixen. Neulich habe ich doch noch mal einen heißen Tipp bekommen. Ein alter Freund rief an und erzählte, dass in Neuffen bei Nürtingen ein solides Einfamilienhaus zu haben sei, nur zwei Straßen von meiner Tante Hildegard entfernt. Ich glaube, ich werde zuschlagen und abends beim Trollinger im Dorfkrug von der Wallstreet und der Straddle-Strategie träumen.

11 Vom Sparzwang oder: *Hilfe, ich bin eine Ich-AG!*

Wenn es stimmt, dass Geiz geil macht, dann habe ich eine Bekannte, die zum Sex gezwungen wird, in aller Öffentlichkeit und sogar von Amts wegen. Ihr bringen Florian Gerster und die Bundesanstalt für Arbeit den Geiz bei, sie selbst allerdings findet das gar nicht so geil. Ich kenne sie schon länger, sie war immer ehrgeizig, aber trotzdem gut drauf, so der Typ »Immer am Ball bleiben!«.

Anna ist jetzt 51 Jahre alt und eigentlich eine alte 68erin. Wahrscheinlich ist sie deswegen auch Diplom-Sozialpädagogin. Als Joschka Fischer in den hessischen Landtag einzog, da machte Anna eine zusätzliche Ausbildung zur Kauffrau. Als Fischer sich die ersten Anzüge mit Weste gönnte und Außenminister wurde, da trat Anna bei einer schicken, modernen Software-Firma einen Job als Qualitätsmanagerin an. Anna war gut drauf, mit knapp 50 Jahren in einem Start-Up-Unternehmen, das hatte was.

Heute spart Anna, weil sie sparen muss. Und sie ist misstrauisch. Meine Bitte um die ultimativen Spartipps für Arbeitslose wurde abgelehnt. Entweder die ganze Geschichte oder gar nichts. Hier ist Annas Geschichte.

Anna, 51 Jahre:

Ich hatte es wirklich geschafft. Mit 50 Jahren hatte ich einen festen Arbeitsvertrag in der Tasche, als Qualitätsmanagerin in einem Unternehmen, das Software zur Steuerung des öffentlichen Nahverkehrs herstellt.

Auch wenn ich zunächst gar nicht wusste, was das für ein Job ist, eines war klar: Das war eine richtig gut bezahlte Stelle, die beste seit Beginn meiner beruflichen Laufbahn. Und ich habe mich dann auch gut eingearbeitet in diesem Software-Unternehmen. Doch schon nach wenigen Wochen kamen die ersten Gerüchte auf: von Missmanagement war die Rede, von unendlichen Schuldenbergen.

Sitzung reihte sich an Sitzung, unbekannte Herren eilten über die Flure und verschwanden wortlos in den Büros meiner Vorgesetzten. Das Klima verschlechterte sich rapide, Angst kam auf.

»Die Firma wird verkauft«, munkelten die Kollegen, aber niemand wusste etwas Genaues. Ich blieb optimistisch. Verkauf? Na und? Dann geht es doch sicher unter neuer Leitung weiter, oder? Doch dann wurde klar, der Käufer »unserer« Firma stellte selbst Software her – in Berlin. Also wurden »wir« nicht mehr gebraucht.

Doch ich gab die Hoffnung immer noch nicht auf. Vielleicht braucht der Firmenkäufer eine Qualitätsmanagerin? Ich war sogar, wenn auch schweren Herzens, bereit, nach Berlin umzuziehen, wenn man mich dort beschäftigen würde. Heute weiß ich, dass all meine Hoffnungen nutzlos waren. Dem Käufer ging es nicht darum, die Firma unter anderem Namen weiterzuführen, sondern darum, einen Geschäftszweig aufzulösen, der zu wenig Profit gemacht hatte. Die Kollegen, die von Schulden und Missmanagement geraunt hatten, sie hatten Recht. Und plötzlich war ich arbeitslos.

Der erste Gang zum Arbeitsamt. Ich kenne das Gebäude, es ist ein riesiger, roter Backsteinbau, der gelegentlich in der Tagesschau erscheint, wenn die neuen Arbeitslosenzahlen verkündet werden. Ich habe dieses Amt in meiner Zeit als Sozialarbeiterin gelegentlich auch von innen gesehen. Damals habe ich Klienten dorthin begleitet, Menschen, die mir anvertraut waren und die sich im Ämterdschungel nicht allein zurechtfinden konnten. Jetzt bin ich meine eigene Klientin. Dreimal fahre ich mit meinem kleinen Auto rund um das rote Amt. Es gibt keinen Parkplatz. Offenbar ist die Behörde sich sicher: Arbeitslose haben keine Autos, also brauchen sie auch keinen Parkplatz. Ich lerne Lektion 1: Zum Amt fährt man mit dem Bus. Oder besser noch: Man geht zu Fuß.

Im Erdgeschoss ist richtig viel Betrieb. Und dann entdecke ich in der Menge einen ehemaligen Klienten von mir. Der Mann sieht ziemlich fertig aus, er hatte immer Probleme mit Alkohol. Hoffentlich sieht er mich nicht.

Pech gehabt. »Hallo, was machen Sie denn hier?«, ruft er durch die Halle.

Ja, was mache ich hier? »Ich gehöre jetzt auch dazu!«, müsste ich eigentlich sagen, aber ich schäme mich. Ich spreche ein paar freundliche, belanglose Worte mit dem Mann und springe schnell auf die endlos lange Rolltreppe. Nichts wie hoch zu den Akademikern. Hier oben im 4. Stock ist es ganz ruhig, fast unheimlich, lange, leere Gänge. Bin ich die einzige arbeitslose Akademikerin?

Nein. Meine Beraterin ist eine freundliche Frau in meinem Alter. Sie hat nur einen Arm, dafür aber einen Doppelnamen. Sie meint, dass die Akademiker alle etwas »später aufstehen«. Erst ab 11 Uhr ginge der Betrieb auf dem Flur für Gebildete so langsam los. Ich lerne Lektion 2: Zum Amte geht man früh. Obwohl auch ich nicht so rasend gerne mit den Hühnern aufstehe, ist mir das jedenfalls lieber, als in einer endlosen Warteschlange zu sitzen.

Lektion 3: Minderwertigkeitsgefühle darf man am besten gar nicht erst aufkommen lassen. Sie deprimieren, sie lähmen, sie führen in einen Teufelskreis.

Meine Arbeitsamtsberaterin ordnet die Fakten: Ich habe ein Jahr lang Anspruch auf Arbeitslosengeld, dann kommt die Arbeitslosenhilfe. Stellen – so sagt die freundliche Dame – findet man im SIS, dem computergestützten Stellen-Informations-System. Zum Schluss versucht sie, noch ein bisschen Glanz in diesen freudlosen Tag zu bringen. Ganz stolz verspricht sie: »Ihre Bewerbungskosten werden erstattet, bis zu 280 Euro im

Jahr, für Porto, Bewerbungsfotos, Mappen, Kopien und so weiter.« Fahrtkostenerstattung gibt es auch, das Amt zahlt die Bahnfahrkarte oder satte 21 Cent pro Kilometer, selbstverständlich nur, wenn man alles vorher beantragt. Antragsformulare hat die Beraterin in der Schublade, sie reicht mir gleich einige über den Schreibtisch.

Und dann, an einem Montagmorgen liegt ein amtliches Kuvert im Briefkasten und sieht ganz unschuldig aus: Der Arbeitslosengeldbescheid. Meine Sachbearbeiterin hatte mich aufgeklärt: Mir stehen 61 Prozent des letzten Nettogehaltes zu. Ich war gewarnt. Aber die kleine Summe auf dem Papier, das war doch nochmal ein Schock der besonderen Art! Zum Glück hatte ich an diesem Montagmorgen wieder mal eine optimistische Phase: »Andere müssen mit noch weniger Geld auskommen, du schaffst das!«, war mein erster Gedanke. Aber mir ist auch klar: Ab jetzt ist eiserne Disziplin gefragt, Lektion 4 in meinem neuen Leben ohne Arbeit.

Eiserne Disziplin gehört eigentlich nicht zu meinen herausragenden Charaktereigenschaften. Gelegentlich lasse ich fünf schon mal ganz gerne grade sein. Aber damit ist es nun vorbei. Und um es mir selbst nicht allzu schwer zu machen, ergreife ich eine Maßnahme, die mich daran hindern wird, finanziell unkontrolliert über die Stränge zu schlagen.

Ich gehe zu meiner Bank und verwandle mein komfortables Girokonto in ein so genanntes »Pluskonto«. Bei einem Pluskonto sperrt die Bank die Möglichkeit, das Konto zu überziehen. Und man bekommt keine Scheckkarte, kann also nicht mit Plastikgeld einkaufen gehen. Das, so weiß ich, bewahrt mich vor so manchem unüberlegten Kauf.

Zu Hause setze ich mich an den Küchentisch, mit Block, Kuli und Kaffee, und schreibe zum ersten Mal genau auf, welche Ausgaben ich tatsächlich habe. Ich gebe zu: Mir ist wirklich zum Heulen zumute, denn es ist überhaupt nicht schön, mit dem spitzen Bleistift zu rechnen.

Doch es muss sein. Also: Miete, Strom, Telefon, die Lebensversicherung für meine Tochter, Hausrat- und Haftpflichtversicherung, die Gebühr fürs Kabelfernsehen und dann: das Auto! Meine kleine Kiste frisst einen großen Batzen. Soll ich das Auto abschaffen? Ich rechne hin und her. Aber dann fällt die Entscheidung: Ich behalte das Auto. Wenn ich wieder eine Stelle als Sozialarbeiterin finde, ist ein Auto unverzichtbar. Und für viele andere Jobs auch.

Als ich alle Posten addiert habe, kommt der Moment der Wahrheit: Arbeitslosengeld minus Ausgaben macht 420 Euro monatlich, die mir zum Leben bleiben, geteilt durch 31 Tage, das macht also circa 13 Euro am Tag. Das ist nicht prall, aber es ist zu schaffen. Soll ich das Rauchen aufgeben? Es wäre gesünder und billiger. Aber ich mache mir nichts vor: In dieser Situation, in der mir so vieles schwer fällt, muss ich nicht auch noch diesen Kraftakt auf mich nehmen. Ich rauche eine und gucke auf die Schachtel: 25 West kosten 3,65 Euro. Das war meine letzte »Aktive«, ich steige um und werde »Dreherin«. Ein Päckchen ordentlicher Tabak mit Plättchen kostet auch 3,75 Euro, aber – geschickt gerollt – drehe ich mir daraus 50 Zigaretten, also genau das Doppelte. Nach dem Kassensturz bin ich eigentlich ganz zuversichtlich, dass ich mit meinem »Gehalt« vom Arbeitsamt auskommen werde. Ich habe mich auch früher schon mal einschränken müssen, zwar nicht so deutlich, wie es mir jetzt bevorsteht, aber übermäßig mit Geld gesegnet war ich eigentlich nie. Meine Tochter habe ich alleine erzogen, der Vater war leider nicht besonders zahlungswillig. Trotzdem haben wir es geschafft, ein gutes Leben zu führen, zwar ohne großen Luxus, aber wir sind zum Beispiel immer in Urlaub gefahren, nicht ins Nobelhotel, sondern auf den Campingplatz. Meine Tochter, mittlerweile 24 Jahre alt, bestätigt mir auch heute noch, dass sie als Kind nichts vermisst hat.

Ab jetzt werde ich treue Kundin bei Plus, Lidl und Aldi. Mal eben so zum Metzger und zum Bäcker und auf dem Markt lecker frisches Gemüse einkaufen, damit ist es vorbei. Alles »mal eben so« ist gestrichen. Schon nach einer Woche habe ich begriffen: Auch für den Single-Haushalt lohnt es sich, größere Mengen einzukaufen, wenn es preiswerte Angebote gibt. Sonderangebote spielen ab sofort eine wichtige Rolle in meinem Leben. Glücklicherweise habe ich ein großes Gefrierfach, also vorkochen und einfrieren und wieder auftauen. Ich esse täglich warm, weil ich schnell herausgefunden habe, dass »Kaltverpflegung« viel teurer ist.

Ich verwandle mich in eine sehr preisbewusste Einkäuferin und werde zur vorausschauenden Köchin. Was für ein Glück, dass ich eine »Alles-Esserin« bin! Das macht es einfach. Eine leckere Gemüsesuppe, Bohneneintopf, Hackfleischsoße, alles kann man schon vorkochen. Es zahlt sich auch aus, dass ich eine große Freundin von Pasta bin, denn die ist wirklich preiswert, und eine Sauce ist auch schnell gezaubert. Nur aus Tüten oder Dosen will ich nicht essen, ein bisschen Lebensqualität muss schon bleiben! Und wenn man genau nachrechnet, dann zeigt sich auch, dass Tüten und Dosen durchaus nicht billiger sind. Mit einem Kilo Kartoffeln kommt man deutlich weiter als mit Pfanni aus der Packung – und besser schmeckt es auch. Manchmal gibt es auch günstig fünf Kilo Kartoffeln im Sack, Discounter wissen, was Frauen glücklich macht! Kartoffeln halten sich. Ich mache Kartoffelsalat, ich mache mir Bratkartoffeln, ich koche Kartoffelbrei; und wenn ich Besuch bekomme, brutzeln Kartoffelpuffer in der Pfanne – meine Freunde sind begeistert, dass ich so was Schönes für sie koche, Kartoffelpuffer gibt es doch sonst nur noch auf dem Weihnachtsmarkt!

Und an einem Samstagmorgen bei Aldi, da treffe ich doch tatsächlich meinen Gemüsemann, der seinen Laden auf der feinen Einkaufsstraße hat, dort seine frische Ware anbietet und bei dem ich leider nicht mehr kaufen kann, seit ich vom Arbeitsamt bezahlt werde. Und was tut mein Gemüsemann bei Aldi, ganz früh um acht, als einer der ersten Kunden? Er kauft den Lauch auf, der bei Aldi im Angebot ist. Ein ganzer Einkaufswagen voll mit Lauch! Ich lache in mich hinein und denke an das viele Geld, das ich dem Gemüsemann schon bezahlt habe – für besonders gute und frische Ware. Und ich bin nicht mehr traurig, dass ich mir seinen schicken Laden nicht mehr leisten kann. Wieder was gelernt!

Außerdem merke ich nun auch deutlich, dass der gute Euro keine »gefühlten« Preiserhöhungen gebracht hat, sondern dass tatsächlich vieles deutlich teurer geworden ist. Da können sich sämtliche Politiker ihr Gerede sparen. Weiß einer von denen, was ein Liter Milch kostet? Seit ich rechnen muss, weiß ich das sehr genau! Glücklicherweise habe ich meine Katze von Anfang an mit Billigfutter versorgt, sonst müsste ich sie jetzt auf Sparkost setzen, denn Sheba ist nicht drin bei diesen Preisen. Aber sie ist genügsam, die Kleine, sie kennt es ja nicht anders! Fleisch verschwindet fast ganz von meinem Mittagstisch. Nur sonntags, wenn meine Tochter zum Essen kommt, gibt es beste Hausfrauenkost. Das lasse ich mir nicht nehmen. Wenn ich von Montag bis Samstag sparsam war und geschickt eingekauft habe, dann klappt es auch mit den vom Töchterchen so heiß geliebten Rouladen.

Sparsamkeit wird zur Routine, man gewöhnt sich dran. Weil man sich daran gewöhnen muss.

Immer wieder stelle ich mir die Frage: Was brauchst du wirklich? Und immer öfter gebe ich mir selbst die Antwort: Das brauchst du nicht! Ich brauche keine teuren Kosmetika. Bei Lidl gibt es eine Anti-Faltencreme für 1,99 Euro. Ich probiere sie aus, sie ist angenehm, tut mir gut – ebenso gut wie das teure Zeug, das ich mir früher ins Gesicht geschmiert habe.

Um mich herum tobt der Schnäppchenkrieg, aber ich habe längst begriffen: Gespart hast du nur das, was du *nicht* ausgibst. Und noch etwas: Arbeitslose haben Zeit, endlos viele leere Stunden Zeit. Daraus lässt sich Kapital schlagen. Ich nutze den Vormittag, um Angebote zu vergleichen. Wenn es bei Tchibo guten Kaffee für billig Geld gibt, kaufe ich drei Pakete. Kaffee wird nicht schlecht, vor allem dann nicht, wenn man ihn im Kühlschrank aufbewahrt.

So langsam lerne ich, mit 13 Euro pro Tag gut auszukommen. Planung ist alles, Information wichtig. Ich habe keine Arbeit, also arbeite ich daran, mein bisschen Geld sinnvoll auszugeben. Ich nehme Prospekte von Aldi, Lidl und Co. mit nach Hause und vergleiche gründlich. Früher, als Berufstätige, hatte ich dazu keine Zeit. Mal schnell am Abend irgendwo irgendwas eingekauft – das war die Regel. Der Preis spielte keine große Rolle. Nun ist er entscheidend. Ich sitze am Küchentisch, durchforste die Flyer, um kleine Preise zu finden. Kreuze an, wo ich mich am nächsten Tag mit Waschpulver für vier Wochen versorgen werde. Schlecker, Aldi, Lidl oder Plus? Wenn es um den Cent geht, wird man pingelig, findet das günstigste Angebot und freut sich, wenn man wieder was gespart hat. Es braucht Zeit und Nerven und einen Zettel, auf dem man sich notiert, wo was am billigsten ist. Es geht. In der Regel überziehe ich mein Tagesbudget nicht. Es darf nur nichts Außergewöhnliches passieren.

Und prompt geht der Staubsauger kaputt. Glück im Unglück, es ist nur eine Reparatur, aber sie kostet immerhin 40 Euro. Ich versuche, in der Woche mit 50 Euro auszukommen, das klappt aber nicht immer. Ganz energisch schränke ich mich beim Autofahren ein. Schluss damit, mal eben hierhin oder dahin zu kurven, Benzin ist Luxus! Was mich wirklich ärgert: Die öffentlichen Verkehrsmittel sind viel zu teuer, eine Tageskarte kostet 3,21 Euro, das ist einfach zu viel, wenn man täglich nur 13 Euro zur Verfügung hat. Zum Glück wohne ich so günstig, dass ich alle Geschäfte zu Fuß erreichen kann, auch wenn dafür schon längere Märsche nötig sind. Aber als Arbeitslose hat man ja Zeit für lange Spaziergänge …

Direkt nach meinem ersten Beratungsgespräch beim Amt beginne ich mit der Stellensuche. Ich habe mir vorgenommen, mich in einem Umkreis von 100 km zu bewerben. Zu einer ordentlichen Bewerbung gehört aber auch eine »Bewerbungsmappe«, und die kostet richtig Geld. Ich kaufe Papier, ich kaufe Mappen, ich lasse Fotos machen, ich setze mich hin und schreibe mein Leben als Tabelle, meine Wünsche und Hoffnungen kommen ins Anschreiben. Und als ich alles ausdrucken will, ist die Druckerpatrone leer. Mehr als 60 Euro haben Papier, Mappen und Fotos gekostet, jetzt noch mal 40 Euro für die Druckerpatrone – der Monat ist gelaufen, es wird verdammt eng!

Das Arbeitsamt – so hatte die Beraterin versprochen – ersetzt die Kosten für die Bewerbungsmappen. Also nichts wie hin! Natürlich, meint die gute Dame, werden die Kosten ersetzt, aber dafür muss man erst einen Antrag stellen, und dann dauert es eben ein wenig, bis das Geld kommt, vier Wochen oder so. Und beim Thema Druckerpatrone bleibt sie hart. Diese Kosten werden nicht übernommen.

Mittlerweile habe ich mich auf mehr als 20 Stellen beworben. Oft bekomme ich gar keine Antwort. Ansonsten nur Absagen. Nach drei Monaten dann endlich, endlich die erste Einladung zu einem Bewerbungsgespräch. Glücklicherweise hatte ich mir in meiner Zeit als Qualitätsmanagerin, damals, als ich noch Geld verdient habe, ein paar wirklich gute Kleidungsstükke gekauft. Sie hängen im Schrank und warten auf ihren Einsatz bei wichtigen Terminen. Im Alltag reichen Jeans und Pulli. Diesmal aber muss es ein Kostüm sein. Und ein Besuch beim Friseur. Ich weiß, der kostet mich mindestens 40 Euro, aber es ist mir so wichtig, richtig gut auszusehen, mich tiptop zu fühlen, dass ich auf die Zähne beiße und das viele Geld investiere. Gut angezogen und schick frisiert, mache ich mich auf den Weg zu meinem wichtigen Termin. Ich bin richtig euphorisch!

Es wird nichts aus meinem ersten Vorstellungsgespräch. Ich bin »überqualifiziert!« Da ist es wieder, dieses widerliche Wort.

Ich ärgere mich noch tagelang. Was heißt eigentlich überqualifiziert? Was ist schlecht daran, wenn jemand eine bessere Ausbildung hat als für die Stelle nötig? Kann das nicht von Vorteil sein? Kann sich ein Arbeitgeber nicht freuen, wenn er eine Mitarbeiterin bekommt, die hoch qualifiziert ist? Soll ich meine Bewerbungsmappen ändern, soll ich etwas weglassen, damit meine Qualifikation nicht auffällt? Ich werde trotzig. Nein, ich werde meinen Werdegang nicht verleugnen.

Die Mutter meines Patenkindes ruft an. Auch sie ist jetzt arbeitslos. Das Arbeitsamt hat ihr eine Weiterbildung zur »Controllerin« verordnet. Sabine muss nun täglich nach Kassel fahren, dreihundert Kilometer weit, um diesen Fortbildungskurs zu absolvieren. Sie braucht jemanden, der ihren Sohn Dario morgens in den Kindergarten bringt und nachmittags dort wieder abholt, das Arbeitsamt stellt dafür 100 Euro zur Verfügung. Sie fragt, ob ich den Job übernehmen möchte. Soll ich ihr sagen, dass sie sich gerade überqualifiziert und dann schwer vermittelbar ist? Nein, sie ist so optimistisch, sie erhofft sich so viel von dieser Fortbildung, und vielleicht hat sie ja auch mehr Glück als ich.

Ich rechne kurz aus, was mir dieser »Job« bringt und was er mich kostet. Patenkind Dario lebt nämlich in einem anderen Stadtteil. Allein das Benzin für zwei Fahrten täglich, das kostet mich im Monat fast 70 Euro – und außerdem mindestens zehn Stunden pro Woche. Aber Zeit habe ich ja und Dario ist doch mein Patenkind. Außerdem: Jetzt habe ich wieder eine kleine Aufgabe. Ich stehe morgens früh auf, wie eine richtig Beschäftigte. Dario freut sich, wenn ich komme, er wartet immer schon ganz aufgeregt. Sabine ist froh, dass ich ihr helfe. Und ich verdiene 100 Euro im Monat! Alles Balsam für mein manchmal sehr angekratztes Selbstvertrauen! Allerdings muss ich diesen gigantischen Nebenverdienst in Höhe von 100 Euro beim Arbeitsamt angeben. Die Sachbearbeiterin ist wieder freundlich: »Das ist noch im Rahmen dessen, was Sie dazu verdienen dürfen!« Na also. Doch mein Glück währt nur zwei Monate, dann wird auch der Vater von Dario arbeitslos und hat alle Zeit der Welt, sein Kind persönlich in den Kindergarten zu bringen.

Ich habe viel Zeit, viel zu viel. Wenn das Wetter auch nur einigermaßen erträglich ist, gehe ich nach dem Frühstück aus dem Haus. Was mir schwer fällt: Ich kann mir, außer den nötigsten Dingen für den täglichen Bedarf, nicht viel kaufen. Eines meiner liebsten Hobbys ist Lesen. Aber mal eben so ein Buch kaufen, wie ich das früher häufig gemacht habe, ist einfach nicht mehr drin. Oft besuche ich jetzt den Flohmarkt und stöbere dort nach gebrauchten Büchern, manchmal werde ich auch fündig. Die öffentlichen Büchereien sind leider ziemlich schlecht sortiert, man merkt, dass auch die Städte unter Geldmangel leiden. Was aber geht: sich von Freunden Bücher leihen. Das klappt aber nur, wenn man die Werke auch wirklich pünktlich nach ein, zwei Wochen wieder zurückgibt. Nur dann hat man eine Chance, dass man sich noch mehr ausleihen kann. Ich selbst habe bislang meine Bücher am liebsten gar nicht verliehen. Nun tausche ich gelegentlich mit Freunden und Bekannten, von denen ich zuverlässig weiß, dass sie die Leihgabe nicht als Geschenk betrachten. Es funktioniert, und wir haben alle was davon.

Kino fällt fast ganz flach. Leider. Es sei denn, ich werde eingeladen. Auch in die Kneipe gehe ich nur noch, wenn ich nicht selbst bezahlen muss. Ich habe nette Freunde, die mich oft einladen, ich freue mich darüber sehr, aber ein komisches Gefühl bleibt. Nach der dritten Kinoeinladung sage ich die vierte ganz bestimmt ab, es ist mir einfach unangenehm. Ich weiß, dass ich mich nicht schämen muss, wenn ich nicht selbst bezahlen kann, aber ich kann an diesem Gefühl nichts ändern. Freunde in der Not, die gibt es tatsächlich. Ich bin ganz stolz, dass ich ziemlich viele habe. Sie rufen oft an, einfach nur, um zu fragen, wie es mir geht, und wenn ich wieder nur vom leeren Briefkasten berichten kann, machen sie mir Mut. Ohne guten Zuspruch ginge es mir wirklich wesentlich schlechter.

Fast dreißig wunderschöne Bewerbungsmappen habe ich ins Land geschickt. Auf die allermeisten fehlt noch eine Antwort. Irgendwann wird mir diese Ungewissheit zu viel: Ich starte eine Telefonaktion. Einen nach dem anderen rufe ich an. Ich hätte es nicht tun sollen, es ist absolut deprimierend! »Ach, wir haben uns für jemand anderen entschieden, haben Sie Ihre Unterlagen denn noch nicht zurück? Dann gehen sie Ihnen in den nächsten Tagen zu!« Die längsten »nächsten Tage« dauerten acht Wochen! Manche der Angerufenen haben sich noch nicht entschieden und bitten um genau das, was ich nicht mehr habe: Geduld, Geduld, Geduld! Nach dem zehnten Anruf komme ich mir absolut minderwertig vor. Ich breche die Telefonaktion ab. Ich brauche Hoffnung. Also schreibe ich neue Bewerbungen.

Ich bekomme Zahnschmerzen! Nur das jetzt nicht. Als die Schmerzen wirklich zu heftig werden, gehe ich dann doch zum Zahnarzt. Und der findet eine Menge Arbeit! Natürlich zahlt die Krankenkasse nicht alles, ich muss ordentlich zuzahlen, selbst, wenn nur das Allernötigste gemacht wird. Und als ich das Allernötigste hinter mir habe, flattert mir eine Rechnung von mehr als 300 Euro ins Haus. Der Zahnarzt ist nett: Er erlaubt mir Ratenzahlung, fünfmal 60 Euro, meint aber, dass eigentlich noch mehr gemacht werden müsste an meinem Gebiss. Als ich ihn frage, was das »mehr« denn kosten würde, spricht er von 900 Euro!

Meine Mutter hat immer gesagt: »An den Zähnen der Menschen kann man erkennen, wie gut es einem Land geht.« Damit hatte sie sicher Recht. Aber ich kann jetzt keine 900 Euro auf den Tisch legen. Die Zähne müssen warten. Basta!

Meine freundliche Arbeitsamtssachbearbeiterin versucht immer noch, mir Mut zu machen, aber helfen kann sie mir nicht. Immer häufiger gibt es nicht ein einziges Stellenangebot im Arbeitsamtscomputer, das für mich in Frage käme. Und immer häufiger schwanke ich zwischen Wut und Verzweiflung, und die Angst vor dem endgültigen Abstieg in die Arbeitslosen- und Sozialhilfe wächst und wächst.

Mein Telefon geht kaputt. Warum das jetzt? Ich kann mir kein neues kaufen, ich habe meiner Tochter zu Weihnachten eine Hose geschenkt, das war's übrigens an Weihnachtsgeschenken. Jeden Cent, den ich übrig habe, den stecke ich in den Mund, das heißt, ich bezahle die Raten bei meinem Zahnarzt. Ich besorge mir eine Telefonkarte und rufe meine Schwester an. Ich muss ihr wenigstens erklären, warum unser kleines Sonntagsgespräch mit Billigvorwahl auf absehbare Zeit ausfallen wird. Und wieder mal hilft mir jemand aus der Patsche: Die große Schwester schickt mir Geld für ein Telefon, gerade günstig zu haben in eben jenem Elektronikmarkt, der für seinen geilen Geiz bekannt ist. Glück gehabt! Und was passiert nächste Woche? Wenn wieder was kaputtgeht? Draußen regnet es in Strömen, auf einmal fühle ich mich ganz mürbe und kraftlos und merke: Ich muss was tun, eh ich ganz in Depressionen versinke.

An diesem Januartag – Hartz sei Dank – treffe ich eine Entscheidung: Ich werde mich selbständig machen, ich werde eine Ich-AG! Arbeiten will ich als Berufsbetreuerin. Berufsbetreuer sind Menschen, die vom Gericht bestimmt werden. Sie helfen Leuten, die nicht mehr in der Lage sind, das Leben alleine zu meistern. Früher nannte man das Vormund. Es können Menschen sein, die psychische Krankheiten oder eine geistige, seelische oder körperliche Behinderung haben. Oft leben diese Menschen in ihren eigenen Wohnungen und brauchen Hilfe, manchmal leben sie aber auch bereits in Heimen. Die Zahl der Menschen, die diese Form der Hilfe braucht, steigt stetig in diesem Land. Also: Berufsbetreuer werden gebraucht. Ich weiß, dass ich ein gewisses Risiko eingehe mit dem Schritt in die Selbständigkeit. Aber wie sagt ein Sprichwort: »Wer nicht wagt, der nicht gewinnt.« Also wage ich es. Viel schlimmer als dieses bleierne Jahr der Arbeitslosigkeit kann es nicht werden!

Ich habe viel gelernt in diesem Jahr als Arbeitslose. Ich habe vor allen Dingen gelernt zu verzichten. Es ist schwer, aber es geht. Ganz wichtig ist, dass man seine Lebensfreude nicht verliert. Auch das ist schwer, aber auch das geht. Ich habe mich gefreut, wenn ich irgendwo ein tolles Sonderangebot ergattert hatte, ich habe es genossen, wenn mich Freunde eingeladen haben, jedes Schnäppchen zu einem kleinen Fest gemacht. Natürlich habe ich es vermisst, mir hübsche Klamotten kaufen zu können, zum Friseur zu gehen, all die unscheinbaren luxuriösen Dinge des Alltags haben mir schmerzhaft gefehlt. Doch am allerschwersten waren das viele Alleinsein und die Angst davor zu verzweifeln. In der ersten Zeit habe ich tatsächlich einige Tage komplett im Bett verbracht, weil ich keinen Sinn im Aufstehen fand. Bis ich begriffen habe, dass dies keine Lösung ist, im Gegenteil.

Jetzt schaue ich nach vorne. Finanziell wird es auch in der nächsten Zeit ziemlich eng bleiben, aber ich habe wieder ein Ziel, deshalb werde ich die Einschränkungen besser ertragen können. Und schließlich habe ich ja auch gelernt, damit umzugehen.

12 Empfehlen Sie mich weiter! oder: *Ein Herz für Schwarzarbeiter*

Eigentlich bin ich auch dagegen. Nein, ehrlich – ich weiß, dass Schwarzarbeit asozial ist, ich weiß, dass Schwarzarbeiter ehrliche Handwerker kaputtmachen. Ich weiß, dass der deutsche Mittelstand in der Krise steckt und dass täglich mehr als hundert kleine Betriebe die Grätsche machen und aufgeben.

Eines Tages aber kauften wir uns eine Wohnung. Sanierter Altbau mit Balkon, eine Eigentümergemeinschaft, bestehend aus einem in Ehren ergrauten linken Lehrer, einem Banker und einem Werbepärchen. Als der Notar mit seiner Lesung fertig war und mir einen echten Montblanc zur Unterschrift reichte, murmelte er etwas von Glückwunsch und dass er einen baldigen Scheckeingang erwarte. Von dem Moment an hatte eine andere Zeitrechnung begonnen. Wir waren pleite, unsere Kontoauszüge lasen sich wie ein Bericht des argentinischen Finanzministeriums.

Bei der ersten Eigentümerversammlung machte der Banker klar, dass der Zustand der Außenfassade für ihn eindeutig rufschädigend sei. Er rechne damit, dass Herren des Vorstandes und amerikanische Partner zum Dinner kämen, die Fassade müsse gemacht werden, und das Treppenhaus sei auch ein Witz. Als die Gattin des Werbers mit ihrem Mann tuschelte und dann für beide erklärte, der Banker habe Recht, darüber hinaus sei aber auch die sofortige Neugestaltung des Vorgartens dringend geboten, da begann ich zu schwitzen. Meine Hoffnung war jetzt der linke Lehrer, der eigentlich prinzipiell jeden Vorschlag des Bankers ablehnte. Aber der Mann stimmte ohne mit der Wimper zu zucken sofort zu. Kurz ging mir der alte Spruch »Wer hat uns verraten? – Sozialdemokraten!« durch den Sinn, dann aber fiel mir ein, dass der Genosse das »Neue Deutschland« abonniert hat und wahrscheinlich PDS wählt. Typisch! PDS wählen, aber kurz nach dem Kauf einer Eigentumswohnung noch genügend Geld für Schönheitsreparaturen haben.

Ich murmelte etwas von Zeit lassen und billige Angebote einholen, dann wurde zu Protokoll genommen, dass bei einer Enthaltung eine Renovierung der Außenfassade und des Treppenhauses beschlossen sei. Ich ging in die Kneipe.

Nach dem dritten Glas fiel mir ein, dass der Typ, von dem wir die Wohnung gekauft hatten – ich halte ihn übrigens für einen Gauner –, aber egal, der Typ jedenfalls hatte immer erzählt, er hätte da einen Polen an der Hand, wenn mal was sei oder so. Ich bestellte noch ein Glas und dachte, dies sei sowieso die Zeit für Gauner. Überraschenderweise erreichte ich meinen Verkäufer unter der angegebenen Nummer. Eigentlich hatte ich gedacht, der Kerl liege längst auf den Seychellen und verprasse meine Kohle. »Klar kann ich helfen, aber ich darf dir die Nummer nicht geben, der Adam mag das nicht. Er ruft dich an, kann etwas dauern, der Mann ist im Stress.« Adam war der sagenumwobene Pole. Ich begann, auf seinen Anruf zu warten.

Wenige Tage später fand im Briefkasten ich einen Brief des Hausverwalters, der mir mitteilte, die alteingesessene deutsche Handwerksfirma, die den Auftrag für die Fassade erhalten solle, habe moniert, in meinem Balkon gäbe es einen Riss, der von einem Steinmetz begutachtet werden müsse. Dafür wären sie auf gar keinen Fall zuständig. Als ich das am Telefon dem Verwalter von Adam erzählte, erntete ich nur ein Knurren: »Eine Polentruppe, für die Außenfassade, mein Gott, Amateure.« Dann gab er mir die Adresse eines Steinmetzen und bat mich, sofort anzurufen. Der Balkon sei Sondereigentum und gehe die Hausgemeinschaft nichts an.

Es kam, wie es kommen musste: Ich vereinbarte einen Termin mit dem Steinmetz. Der Mann überraschte mich, am Telefon klang seine Stimme eher wie die eines amerikanischen Mormonenpredigers. Andererseits kannte ich keinen deutschen

Steinmetz, vielleicht klingen die ja alle so. Wie auch immer, der Mormone wollte am Samstag um 10 Uhr kommen.

Um 9 Uhr 45 klingelte mein Handy, und eine sonore Stimme meldete sich: »Hier Adam, ich sollen dich anrufen.« Ich geriet etwas in Hektik angesichts dieses handwerklichen Zangenangriffs. Es gelang mir, Adam zu vertrösten, er grummelte zwar, aber war dann doch bereit, in einer Stunde nochmal anzurufen.

Es klingelte. Als ich die Tür öffnete, wurde sofort klar, dass an Mormonen nicht zu denken war. Der Steinmetz hatte den Charme eines Porscheverkäufers und erzählte sofort voller Stolz, der letzte Job seiner Firma sei die Renovierung des Fuldaer Doms gewesen. Schon schämte ich mich für unseren mickrigen Balkon. Ein Blick auf den Stein, ein Stirnrunzeln, ein Ergebnis. »Der muss raus. Kein Problem, wir schneiden einen neuen, lassen den Kranwagen kommen und tauschen einfach aus.« Aus irgendeinem Grund erinnerte ich mich plötzlich an einen Artikel über die Kostenexplosion bei der Renovierung des Doms. Eher verschüchtert fragte ich nach dem Preis und bekam ein strahlendes: »Für Sie gerade mal 20 000« zugelächelt. Als mir klar wurde, dass der Mann Mark und nicht Lire meinte, drängte ich ihn zur Tür. Dann klingelte mein Handy, und ich fiel in Adams Arme.

Meine Affäre mit Adam – rein geschäftlich natürlich – dauert jetzt schon über zwei Jahre, und wir sind beide zufrieden. Aber lassen Sie mich der Reihe nach erzählen: Adam und seine Jungs kamen, reparierten den Stein, reparierten bröckelnden Stuck unter dem Balkon, lackierten ein Eisengitter und fliesten den Boden. Zu zahlen hatte ich schlappe 1800 Mark, ein Zehntel des Angebots meines Steinmetzen. Adam wollte kein Trinkgeld, sondern sagte nur: »Empfehlen Sie mich weiter.«

Später kam eine voll legale Gerüstbaufirma gefolgt von ebenso legalen Fassadenverputzern. Irgendwann fiel mir auf, dass kein einziger der Männer auf dem Gerüst auch nur ein Wort Deutsch sprach. Eine kleine freundliche Umfrage beim Bier in der Mittagspause und ich hatte eine Riesenwut im Bauch. 80 Prozent der Malocher da draußen vor meinem Fenster kamen aus Bosnien, geduldete Bürgerkriegsflüchtlinge, Schwarzarbeiter, für die eine nette, ganz legale deutsche Firma uns aber ohne mit der Wimper zu zucken deutsche Tariflöhne in Rechnung stellte. Da lobe ich mir Adam – da profitierte wenigstens ich und nicht ein anonymer Subunternehmer.

Adam wurde zum gern gesehenen Gast in unserem Haus. Zunächst zierten sich die Damen und Herren Banker und Werber noch etwas, aber dann kam die Frage: »Öh, ihr habt da doch diesen Polen an der Hand, könnte der vielleicht mal …?« Ich nickte wissend und erwiderte cool: »Er wird anrufen, Adam mag es nicht, wenn man seine Nummer weitergibt.«

Muss ich mich jetzt schämen, ruiniert mein Verhältnis zu Adam die deutsche Wirtschaft? Quatsch, anders rum wird ein Schuh daraus. Im schönen Berlin kommt auf den hauptstädtischen Baustellen, inklusive denen des Bundes, auf einen legalen Arbeiter immerhin ein Schwarzarbeiter. Rund 72 Prozent der Wertschöpfung am Bau in Berlin wird in Schwarzarbeit erbracht, im Bundesdurchschnitt sind es immerhin 6 Prozent. Die Schwarzarbeit ist der einzige Boomsektor in Deutschland. In 2003, so schätzen kluge Experten, wird der Umfang der Schwarzarbeit in Deutschland um 7 Prozent auf 380 Milliarden Euro zulegen. Und auch diese Zahl spendet mir Trost: Zwei Drittel des schwarz verdienten Geldes fließt zurück in die offizielle Wirtschaft, ist also eine stabile Stütze der lahmenden Konjunktur. Im Klartext: Die Baumaterialien, die Adam & Co. bei mir verbauen, kauft er ganz straight in einem Baumarkt und kurbelt so den Umsatz an. Bei den Preisen der legalen Handwerker würde ich nicht im Traum einen Auftrag erteilen. Vergessen Sie Ihre Schuldgefühle! Ein Staat, der zulässt, dass die Lohnnebenkosten in so absurde Höhen steigen, ist selber schuld, wenn er beschissen wird. Das fällt unter Notwehr, ganz klar.

Lassen Sie sich mal diese Zahlen auf der Zunge zergehen: Ein Handwerkergeselle bekommt circa 7,50 Euro Stundenlohn, seine Arbeitsstunde aber wird dem Endverbraucher, also uns, mit 45 Euro in Rechnung gestellt. Würde ein ehrlicher Fliesenleger einen Kollegen gegen Rechnung bitten, sein Badezimmer zu machen, dann müsste er sechs Stunden arbeiten, um eine Handwerkerstunde bezahlen zu können. Ein Handwerksmeister, also ein kleiner mittelständischer Unternehmer, zahlt auf 100 Euro Lohn, weitere 80 Euro an Lohnnebenkosten drauf, für Sozial- und Unfallversicherung, für Urlaubsgeld, Vermögensbildung usw. usf. Ich habe keine Schuldgefühle mehr wegen Adam, und Sie sollten auch keine haben. Geiz ist geil – sparen mit Adam & Co. Wenn Gesetze so massiv gebrochen werden, und zwar aus der Mitte der Gesellschaft, dann irrt nicht die Gesellschaft, sondern dann stimmen die Gesetze nicht. Würde alle Schwarzarbeit in Deutschland legal erledigt, gäbe es 700 000 Stellen mehr. Die Steuerausfälle für unseren Freund Eichel durch Schwarzarbeit betragen 70 Milliarden Euro jährlich. Der Staat hat die Rahmenbedingungen zu ändern und nicht Hunderttausenden von ehrlichen Bürgern mit dem Kadi zu drohen.

Wenn ein Häuslebauer oder ein stolzer Käufer einer Eigentumswohnung sich Schwarzarbeiter holt, dann macht er oder sie dies doch schlicht aus einem einzigen Grund – unsere Handwerker sind für Normalsterbliche nicht mehr zu bezahlen.

Fragen Sie in Ihrem Bekanntenkreis nach einem »Adam«, und Sie werden schneller fündig, als Sie glauben – »Empfehlen Sie mich weiter« heißt das Zauberwort. Das ist Nachbarschaftshilfe in Zeiten der Krise! Glauben Sie nur nicht, Schwarzarbeit gedeihe nur im Multikulti-Milieu der Metropolen und alle Schwarzarbeiter seien Polen, Bosnier oder Kroaten. Blödsinn!

Eine gute Freundin, nennen wir sie mal Rita, wohnt im ländlichen Rheinhessen, in einem schmucken Reihenhaus. Ihre Geschichte ist spannend, zeigt sie doch, dass deutsche Handwerker, also die angeblichen Opfer der Schwarzarbeit, selber ganz gut dabei mitspielen.

Nur ein paar natürlich, nur die schwarzen Schafe, komisch nur, dass man die Geschichte häufig hören kann, nicht nur in Rheinhessen.

Bei Rita leckte die Heizung. Der Heizungsmonteur kommt, bei der Reparatur wird der Teppichboden in Mitleidenschaft gezogen. Zwischen Hausfrau und Monteur entspannt sich ein Gespräch über die Tücken einer Teppichbodenreinigung und man einigt sich schließlich, Parkett sähe ohnehin viel besser aus. »Klar«, stöhnt meine Freundin Rita, »weiß ich auch, aber mir hat erst neulich ein Parkettleger einen Kostenvoranschlag über 20 000 Euro für das ganze Haus gemacht. Das ist zu viel, schön hin, schön her, wir haben das Geld nicht.«

Der Heizungsmonteur legt die Stirn in Falten, schaut sich kurz um und erklärt dann im breiten Dialekt, es gebe da ja auch andere Möglichkeiten. Er gibt Rita eine Telefonnummer, Handy natürlich, und schärft ihr ein zu sagen, sie hätte die Nummer von Jürgen bekommen. Von Jürgen kommt sie zu Erwin. Erwin ist gelernter Parkettleger, arbeitslos, krank geschrieben wegen einer, wie er sagt, langwierigen Geschichte im Kreuz. Der deutsche Erwin hat dieselben Spielregeln wie Adam, mein polnischer Haushandwerker. Nichts schriftlich, keine Überweisungen, alles Cash auf die Kralle, in drei Tagen kommt er mit Musterhölzern. Sein Preis: 6800 Euro, inklusive Entsorgung des alten Teppichbodens. Selbst Referenzen hat Erwin zu bieten: »Gucke Se mal beim Doktor in der Hauptstraße ins Wartezimmer, des habbe mir gemacht.« Rita erteilt Erwin den Job. Sie ist zufrieden mit der Arbeit und bekommt als Zugabe gleich noch einen Maler vermittelt.

Der Maler heißt Paul, ist ein Bild von einem Mann, mit Zopf und Ohrring. Paul kann nicht nur malern, Paul legt auch Fliesen. Irgendwann fasst sich Rita ein Herz und fragt den Held der Kacheln, was sie machen soll, falls Nachbarn oder andere

Agenten des Ordnungsamtes neugierig werden und wissen wollen, wer da eigentlich so hingebungsvoll im Haus werkelt. Paul bleibt ganz cool, nennt einen Handwerksbetrieb in der nahe gelegenen Stadt und verkündet: »Das geht in Ordnung, ich bin bei denen auf 320 Euro Basis gemeldet. Die wissen, was läuft.« Paul hat noch eine Überraschung auf Lager: Eines Morgens kommt er mit einem Jungen im Schlepptau und erklärt, dass er den gerade ausbilde. Deutschland 2003 – Schwarzarbeiter mit Lehrling.

Wenn ein Staat seine Handwerker mit irrsinnigen Auflagen, wie sie etwa in den Tausenden Bestimmungen zur Arbeitsstättenverordnung festgelegt sind, gängelt, dann suchen sich die Cleveren halt andere Wege. Dasselbe gilt für uns Verbraucher, denn wenn wir die Lohnnebenkosten nicht mehr zahlen können und wollen, schlägt die Stunde von Adam und Paul. Eine wichtige Regel jedoch sollten Sie beachten: Arbeiten an Elektro- und Gasinstallationen nur von offiziellen Firmen machen lassen. Hier zu sparen wäre ein grober Fehler!

Noch mal zurück zu meiner Freundin Rita. Da ihr Haus praktisch rundum erneuert wurde, fuhren sie und ihre Familie zwei Wochen in Urlaub. Den Schlüssel und die Oberaufsicht übernahm Erwin. Die Schwarzarbeiterselbstkontrolle funktionierte bestens. Seitdem weiß Rita: Erwin ist der Chef, und sie hat seine Handynummer – für alle Fälle.

Kürzlich gab es im Fernsehen eine Reportage über Probleme des Mittelstandes, sieht man ja häufig zurzeit. In einer ländlichen Gegend wurde ein Dachdeckermeister interviewt, der berichtete, er habe seit Jahren keinen einzigen Auftrag mehr von Bauern bekommen. Für den Mann war der Fall klar: Die Bauern beschäftigen Wanderarbeiter aus Osteuropa in der Weinlese, beim Spargel stechen und bei der Obsternte. Zwischen den

Ernteeinsätzen decken die fleißigen Helfer Dächer, fliesen Bäder, tapezieren, schreinern und so weiter und so gut.

Jeder weiß das auf dem Dorf – und alle schweigen. Fassen Sie Mut! Fragen Sie Ihre Freunde, Ihre Kollegen! Auch in Ihrer Nähe gibt es Kumpel von Adam und Erwin. Es gibt ein Recht darauf, ein gekacheltes Bad zu besitzen, ohne deswegen Pleite zu gehen. Menschen suchen sich ihren Weg wie Wasser, wenn ein Staat seine Aufgabe darin sieht, alles zu erschweren und zu verteuern. Dann werden seine Bestimmungen schlicht umgangen. In unserer Gesellschaft gibt es kein Unrechtsbewusstsein gegenüber der Schwarzarbeit. Aber es gibt ein Recht zu sparen.

Ich kann die Klagen der Handwerker gut verstehen, trotz Adam in der Hinterhand sind sie nicht die natürlichen Feinde des gebeutelten Verbrauchers. Sie leiden wie wir unter aufgeblähter Bürokratie und unter Sozialauflagen, die längst zu Fesseln geworden sind.

Ein Berliner Malermeister musste im vergangenen Jahr den Betrieb schließen, den sein Großvater gegründet hatte. Grund: Die Angebote der Firma wurden ständig von Konkurrenten aus Brandenburg unterboten, die ihren Arbeitern den billigeren Osttarif zahlen. Lohnsenkungen aber waren für den West-Unternehmer tabu, denn der Tariflohn ist jederzeit arbeitsrechtlich einklagbar. Leute entlassen konnte er auch nicht. Die meisten Mitarbeiter waren schon über zehn Jahre in der Firma, und es wären hohe Abfindungen fällig gewesen, die das Familienunternehmen sofort ruiniert hätten. Ein Handwerker, gefangen im deutschen Paragraphendschungel – einer von vielen. Das Ende der Geschichte: Die Firma wird geschlossen. 13 Arbeitslose und eine Insolvenz mehr, aber dafür Tariftreue und Kündigungsschutz – so schafft man locker vier Millionen Arbeitslose. Für den Chef gab es noch einen Nachschlag: Ein neues Unternehmen darf er erst mal nicht gründen, seine Exmitarbeiter könnten ihn auf Wiedereinstellung verklagen.

Das sind die Probleme der deutschen mittelständischen Handwerksbetriebe. Es ist ganz einfach: Die Politik muss die Rahmenbedingungen ändern, die Lohnnebenkosten müssen sinken, die Handwerkerrechnungen wieder bezahlbar werden, dann trenne ich mich von Adam, und Rita gibt Erwin den Laufpass.

Aber Moment – es gibt da noch was zum Thema Schwarzarbeit, das ich los werden muss, etwas, das mich richtig wütend macht. Ich weiß nicht, wie alt Sie sind, aber alle so um die 50 wissen, worum es jetzt geht.

Wenn Sie zu Hause eine alte Mutter oder einen kranken Vater haben, die auf gar keinen Fall die lieb gewonnene Wohnung gegen einen Heimplatz tauschen wollen, dann haben Sie ein Problem, und zwar ein großes. Das Thema heißt häusliche Pflege in Deutschland. Zehntausende von Frauen leben tagaus, tagein am Rande des Nervenzusammenbruchs. Sie müssen ihr eigenes Leben, Beruf und/oder Familie organisieren und sich nebenbei – wobei in diesem Zusammenhang das Wort nebenbei ein Witz ist – noch um ein pflegebedürftiges Familienmitglied kümmern. Fast alle dieser Frauen bewegen sich im roten Bereich, immer kommt jemand zu kurz, Schuldgefühle werden ein ständiger Lebensbegleiter. Ambulante Pflegedienste sind keine wirkliche Lösung, häufig wechselnde Pfleger erschrecken die alten Leute, das Personal dieser Dienste arbeitet gegen die Uhr. Es gibt genaue Tabellen mit Zeitwerten für kleine oder große Körperpflege, für die Hilfe bei der Nahrungsaufnahme sind z. B. 4 Minuten und 30 Sekunden veranschlagt.

In vielen deutschen Wohnungen, in denen hilfsbedürftige alte Menschen alleine leben, gibt es mittlerweile Alternativen. Diese Alternativen heißen Maria, Halina oder Teresa, sie kommen aus Polen, aus Kroatien, aus Ungarn, Lettland oder Bosnien. Diese Frauen sind Illegale, sind Schwarzarbeiterinnen, und ich möchte viele von ihnen für das Bundesverdienstkreuz vorschlagen. Denn ohne sie wäre eine flächendeckende häusliche Pflege in Deutschland nicht möglich. Im Herbst des Jahres 2001 demonstrierte die Frankfurter Staatsanwaltschaft, die scheinbar in der fast verbrechensfreien Stadt am Main nichts anderes zu tun hat, Härte und befahl eine Razzia gegen hilflose alte Menschen und ihre ausländischen Betreuerinnen. 200 Polinnen wurden abgeschoben und ein Sturm der Entrüstung tobte durch die Mainmetropole. In zahlreichen Fernsehsendungen konnte man die alten Menschen nach ihren Betreuerinnen rufen sehen. In keinem Fall kam es zu einer Anklage. Die Bundesregierung kündigte an, sie wolle die häusliche Beschäftigung von ausländischen Frauen legalisieren, aber, wie so häufig, kam statt eines klaren Gesetzes ein bürokratischer Wasserkopf heraus, der an den Bedürfnissen der Familien voll vorbeigeht.

Die Regierung, hier lassen wohl die Gewerkschaftsfunktionäre in der SPD-Fraktion grüßen, erlauben 38,5 Arbeitsstunden und keinerlei pflegerische Tätigkeit. Windeln wechseln darf nur ein ausgebildeter, teurer deutscher Pflegedienst. Und wieder entstand ein Gesetz, an das sich niemand hält. Ein Staat, der mir vorschreibt, wer bei meiner Mutter die Windeln wechseln darf, der macht sich lächerlich und darf sich nicht wundern, wenn die Gesellschaft ihre Probleme selber löst.

Falls Sie eine Pflegekraft brauchen, in fast allen Städten haben sich Netzwerke von Familien gebildet, die mit Adressen und Kontakten helfen. Auch Ärzte, Krankenhäuser und Diakoniestationen bieten Unterstützung an, und tun das auch, häufig unter der Hand. Auf Adam und Erwin könnte ich zur Not verzichten, aber ohne Maria, ohne Teresa und ohne all die anderen tapferen Damen mit Touristenvisum ginge bei mir gar nichts mehr. Deswegen empfehle ich sie ausdrücklich weiter, ob legal oder illegal ist mir in diesem Falle scheißegal.

13 More Surf and Save oder: *Amazonen unter dem Hammer*

Der Mann ist über vierzig, netter Kerl, verheiratet, zwei Kinder. Ziemlich gebildet. Wenn er will, kann er Max Horkheimer und Theodor W. Adorno zitieren. Oder Harald Schmidt. Wir sind Kollegen. Eigentlich haben wir uns immer recht gut verstanden. Bis zu jenem denkwürdigen Montag Anfang Januar. In der Kantine setzte ich mich zu ihm an den Tisch.

»Timpotoys«, stieß er hervor, »Timpotoys!«

Ich schaute auf meinen Teller: Roulade mit Rotkraut. Er hatte Hähnchen und Pommes. Timpotoys? Ich verstand nur Bahnhof.

»Timpotoys, stell dir vor, Original Timpotoys, mindestens dreißig Stück, Nordstaatler und Südstaatler, auch Cowboys. Und Pferde. Dreißig Euro! Damit ging es los! Noch achtundvierzig Minuten. Ich sofort auf vierzig hoch. Total ruhig in der letzten halben Stunde. Aber fünf Minuten vor Schluss war die Hölle los, zunächst kein Schwanz, aber zum Schluss die blanke Hölle!«

Er malträtierte sein Hähnchen mit dem Messer, als sei das arme Tier schuld. Ich kaute an meiner Roulade. Die war so zäh, dass ich nicht antworten konnte. Was hätte ich auch sagen sollen? Er wurde immer wütender.

»Das waren zum Schluss mindestens zehn Leute, wie die Wahnsinnigen. Der eine, dieser Atrax, war von Anfang an dabei!« Der hat es hochgetrieben auf fünfundachtzig. Ich hätte noch neunzig geboten, aber ich war nicht schnell genug, es war zu spät. Der Typ, dieser Atrax, hat die für fünfundachtzig gekriegt, dreißig Timpotoys. Scheiß eBay!«

Das ist jetzt vier Wochen her. Mittlerweile bin auch ich eBayer. Ich heiße kaengu1, mein Passwort verrate ich natürlich nicht.

Ich habe schon ein Nachtschränkchen aus Weichholz mit Marmorplatte (34 Euro), ein Siemens-Handy ohne Karte für die Freundin meines Sohnes (10 Euro), eine dunkelrote Lederjacke Größe 36, einen superkitschigen Bilderrahmen, eine Originalflasche Sensi-Parfüm von Armani für lächerliche 20 Euro und eine Funkmaus für sieben Euro ersteigert. Mein Mann heißt Autozug und seine Märklinsammlung wächst.

Wir nutzen den Bietagenten und bezahlen größere Beträge auf ein Treuhandkonto ein. Ein solch riesiger Marktplatz wie eBay zieht nämlich auch Betrüger an.

Der riesige Marktplatz ist virtuell und das größte Internetauktionshaus weltweit, vertreten in 42 Ländern. Allein in Deutschland gibt es mittlerweile fast 6 Millionen Kunden.

Unter *http://www.ebay.de/* findet der Auktionsbegeisterte alles. Fast alles.

Nach dem Absturz der Columbia waren die ersten »Anbieter« schon nach wenigen Stunden auf dem elektronischen Markt. Irgendjemand aus Texas bot tatsächlich Wrackteile der Columbia an. »Noch ehe die Auktion beginnen konnte, haben wir dieses Angebot von der Website genommen«, sagte ein Sprecher von eBay.

Auch der amerikanische Familienvater Young hatte keinen Erfolg: Gegen ein Mindestgebot von fünf Millionen Dollar wollte er sich und seine Familie – »zwei sympathische Kinder plus meine Frau« – versteigern. eBay löschte das Angebot, und ein Firmensprecher wies darauf hin, dass die Versteigerung von Menschen und Körperteilen nicht gestattet sei. Entsprechend scheiterte auch ein deutscher »Witzbold«, der das Gehirn von Ulrike Meinhof zur Versteigerung anbot. Nach knapp einer Stunde hatte eBay diesen makabren Scherz von der Website getilgt.

Probieren kann man es ja mal: Unter diesem Motto bot der amerikanische Professor für Kommunikationsforschung, Kembrew McLeod, seine Seele an, abgepackt in Vier-Unzen-Senfgläser. Auch seine Selbstachtung war zu haben – für drei Dollar. Tatsächlich handelte es sich um ein Gedicht auf einem dünnen Streifen Papier, den der Professor in ein Filmdöschen gesteckt hatte. Und der Meister hatte Erfolg. Seine Döschen wurden mehrmals ersteigert, bis sich unter den eBayer herumsprach, was sich hinter der Selbstachtung tatsächlich verbarg. Aber: Wer weiß, welchen Wert so etwas in ein paar Jahren bei eBay hat?

Der teuerste Artikel, der bislang seinen Besitzer wechselte, war ein Firmenflugzeug für knapp 5 Millionen Dollar – die Ausnahme.

Eigentlich ist eBay ein riesiger Flohmarkt für Schnäppchenjäger. Mit dem Unterschied, dass man nicht frierend hinter seinem Stand stehen muss und am Abend fluchend das meiste von dem wieder heimschleppt, was man morgens hingetragen hat.

Bei eBay Deutschland wird alle zwei Sekunden ein Kleidungsstück vertickt, alle 15 Sekunden ein Modelleisenbahnartikel verkauft, alle 30 Sekunden ein Handy und jede halbe Stunde findet ein Gebrauchtwagen ein neues Zuhause.

Verboten sind lebende Tiere, Pornographie, Waffen und Drogen, Propagandaartikel und Artikel mit Emblemen verfassungswidriger Organisationen, Grundstücke oder Arzneimittel, radioaktive Stoffe, Gift- und Explosivstoffe sowie sonstige gesundheitsgefährdende Chemikalien, menschliche Organe oder auch geschützte Pflanzen. Angeboten wird trotzdem alles, bis die »eBay-Polizei« den Verstoß entdeckt und löscht.

Derzeit sind mehr als eine Million Artikel zu haben, kategorisiert unter diversen Rubriken: Vom Auto & Motorrad über Babyausstattungen und Spielzeug, Briefmarken und Münzen, Bücher, Film, DVD, Büro & Gewerbe, Computer und Software bis zu Uhren und Schmuck ist einfach alles zu haben.

In der Rubrik *Sammeln und Seltenes* werden uralte Ansichtskarten angeboten, man findet Mineralien und Fossilien, aber auch Tarnparkas der Bundeswehr. Die DDR-Nostalgie ist mit mehr als 6000 Angeboten vertreten, darunter druckfrische 500-Markscheine, es gibt circa 27 000 Überraschungseier sowie 169 alte Grammophone. Und Timpotoys.

Timpotoys sind Plastikfiguren, altes Spielzeug der 70er Jahre. Das Besondere an diesen Kunststoff-Indianern, Rittern und Kutschen ist, dass sie nicht aus einem Guss sind, sondern dass man sie – nach Playmobilart – auseinander nehmen und zusammenstecken kann. Wer als Kind eine Ritterburg mit Timpotoy-Figuren hatte, hängt an diesen Kerlchen und ist auf Sammlerbörsen angewiesen, wenn ihm ein Südstaatler fehlt. Timpotoys, die früher ein paar Pfennige kosteten, sind heftig im Preis gestiegen, weil das Angebot niedriger ist als die Nachfrage. Bei eBay findet man gelegentlich noch einen Sammler, der sich von seinen Schätzchen trennt. Dann tobt jedes Mal ein heftiger Kampf um die Cowboys und ihre Kollegen. Heute weiß ich, wovon mein Kollege damals am Kantinentisch erzählt hat.

Meine eBay-Karriere begann mit der Suche nach einem kleinen, schmalen Schränkchen für unseren Flur. Sentimentale Erinnerungen an meine Kinderzeit ließen mich von einem Nachttischchen träumen, wie es einst bei Oma neben dem Bette stand. Aus Weichholz, mit Schublädchen und Tür und einer weißen Marmorplatte. Heimische Antiquitätenläden meldeten Fehlanzeige, ein Trödelstübchen bot unsägliche Plagiate an.

An einem kühlen Sonntagmorgen klickte ich auf *http://www.ebay.de/*. Es gab reizende Schränkchen, zwar nicht unter *Kunst & Antiquitäten*, aber bei *Haus & Garten* fand ich vier Modelle, die zu Spottpreisen mein Interesse weckten.

Um etwas zu kaufen oder zu verkaufen, muss man sich anmelden. Und zwar mit allen Daten und einer E-Mail-Adresse. Dann gibt man sich einen eBay-Benutzernamen. Bei fast sechs Millionen Usern kommt man mit dem Vornamen nicht weit, phantasievolle Kombinationen sind gefragt.

Und dann kann es auch schon losgehen. Ein Gebot auf einen Artikel wird per Mausklick abgegeben.

Das Schränkchen, das mir vom Foto und der Beschreibung her am allerbesten gefiel, sollte nur 5 Euro kosten. Hinter jedem Angebot findet man bei eBay eine Spalte, die über die vorliegenden Gebote informiert und die verbleibende Zeit, während der man noch steigern kann. Für mein Schränkchen gab es keine Gebote. Und ich hatte noch zwei Stunden, 17 Minuten und 25 Sekunden. So präzise läuft das mit der Auktionszeit. Da geht es tatsächlich um Sekunden, und wer zu spät kommt, den bestrafen die Mitbewerber.

Sicherheitshalber bot ich mal 6 Euro für mein Schränkchen und widmete mich beruhigt dem Sonntagsessen.

Kurz vor Auktionsschluss warf ich den Computer wieder an. Mein Schränkchen kostete jetzt 65 Euro, acht Bieter waren heftig dabei, den Preis mit 5 Euro-Schritten ins Unermessliche zu treiben. Ich mit. Ein Nachtschränkchen, genau wie das an Omas Bett! Ich verlor den Preis völlig aus den Augen. Mit jeder Mausberührung mutierte das alte Nachtkästel mehr und mehr zu einer Antiquität. Ich musste es haben. Klick, klick, klick. Feuchte Hände. Zwei Minuten vor Ende der Schlacht war das Teil schon 140 Euro wert. Blutrausch. Klick. Mitbieten. 145, 150, 160 Euro. Noch eine halbe Minute. Dem Herrn im Himmel sei Dank: mein Verstand setzte kurz ein, als ich den Preis umrechnete: 380 Mark für ein uraltes Schränkchen, wahrscheinlich mit Holzwurm und Riss in der weißen Marmorplatte. Ende Gelände. Ich stieg aus.

Das schmucke Stück wechselte schließlich für 185 Euro an einen Käufer namens bierkrug1865. Ich wünschte ihm den Teufel an den Hals und den Wurm ins Schränkchen.

Der Käufer, so sind die Bedingungen bei eBay, zahlt die Versandkosten.

Plötzlich wurde mir klar, dass mich mein Kindheitstraum ein Vermögen gekostet hätte. Der Verkäufer nämlich wohnte in der Nähe von Kufstein, eine weite, teure Reise für einen kleinen Nachttisch!

Seitdem achte ich bei größeren Gegenständen immer auf Angebote aus der Nähe. eBay macht es seinen Kunden leicht. In der Spalte *Artikel in meiner Nähe* wählt man das eigene Bundesland und ruft somit nur Angebote auf, die aus der Region kommen. Wenn es um kleinere Artikel geht, ist das natürlich unwichtig. Das ersteigerte Armband kommt per Postpäckchen, und das Porto für den Märklin-Triebwagen schmälert die Freude über das Schnäppchen nicht.

Natürlich gelten gerade bei Internetauktionen bestimmte Vorsichtsmaßnahmen. So zum Beispiel ist eBay – so steht es in den allgemeinen Geschäftsbedingungen – rechtlich nicht verantwortlich für den Vertrieb von gefälschten Markenprodukten. Dies entschied das Landgericht Düsseldorf, nachdem ein Hersteller von Markenuhren dagegen geklagt hatte, dass Fälschungen seiner Zeitmesser bei eBay angeboten wurden.

Immer wieder machen Betrügereien auf dem elektronischen Marktplatz Schlagzeilen. So berichtet der *Stern* von einem Auktionshändler, der Computer für insgesamt 100 000 Euro »verkaufte«. Leider kamen die Rechner bei ihren Ersteigerern niemals an, und der trickreiche Händler konnte sich noch rechtzeitig absetzen, bevor ihm die Polizei auf die Spur kam.

Auch nach dem Luftschlosshändler Ingmar K. aus Thale im Landkreis Quedlinburg wird immer noch gefahndet. Mit vorgetäuschten Auktionen schaffte der 26-Jährige immerhin mehrere 10 000 Euro beiseite. Hochwertige Rolex-Uhren hatte er angeboten, Computer und einen Audi A 8 gegen Vorauskasse versteigert. Bislang haben sich rund 40 Geschädigte aus ganz Deutschland gemeldet. Von dem mehrfach vorbestraften Ingmar K. fehlt jede Spur.

Die *Mitteldeutsche Zeitung* zitiert Kriminaloberkommissar Klaus Leppin: »Womöglich hat sich Ingmar K. selbst versteigert.«

Es lohnt sich also, ein paar Regeln zu beachten, damit man

keine »Originalverpackung« ersteigert – also einen leeren Karton! –, sondern stattdessen »original verpackte Ware!« Und nicht 500 Euro für eine Digitalkamera hinblättert, die sich später als Spielzeugattrappe entpuppt.

Wichtig ist es, den Verkäufer so gut wie möglich zu überprüfen. eBay bietet ein Bewertungssystem an. Wer öfter etwas versteigert, wird von den Käufern beurteilt. Wer pünktlich, zuverlässig und ehrlich liefert, erarbeitet sich dadurch ein gutes »Profil«.

Wer wiederholt im Bewertungssystem negative Bewertungen erhalten hat, dessen Nutzerkonto kann von eBay gesperrt werden. Dies gilt auch, wenn bei der Anmeldung falsche Daten angegeben werden. Darin liegt eine gewisse, wenn auch keine hundertprozentige Sicherheit.

Wenn man ein Objekt ersteigert hat, erfährt man den tatsächlichen Namen und die Adresse des Versteigerers, seine Telefonnummer und E-Mail-Adresse. Um noch mehr Sicherheit zu gewinnen, nimmt man dann am besten direkten Kontakt mit dem Verkäufer auf. Ein guter Trick: Man bietet ihm an, die Ware zusammen mit einem Freund persönlich abzuholen, weil man »gerade in der Gegend« sei. Willigt er ein, wird er wohl kaum etwas zu verbergen haben.

Das Wichtigste bei richtig teuren Sachen aber ist der Treuhandservice, den eBay anbietet und ab einem Warenwert von 200 Euro auch empfiehlt. Und so geht es:

Man vereinbart mit dem Verkäufer, dass das Geld auf ein Treuhandkonto eingezahlt wird. Erst wenn die Ware eingetroffen und in Ordnung ist, wird das Geld an den Versteigerer überwiesen. Seriöse Verkäufer haben mit dieser Methode kein Problem.

Wichtig: Käufer und Verkäufer sollten die Nutzung des Treuhandservice *vor* Angebotsende vereinbaren. Für die Nutzung des Treuhandservices werden Gebühren erhoben. Käufer und Verkäufer müssen sich einigen, wer diese Gebühren übernimmt. Die Handelspartner können die Kosten auch aufteilen. Bei einem Auktionspreis von 1000 Euro fallen beim eBay Treuhandservice insgesamt 10 Euro Gebühren an, also fünf für jeden. Das ist nicht zu teuer für hundertprozentige Sicherheit!

Zahlen muss man bei eBay in jedem Fall. Für jedes Angebot im Netz verlangt eBay eine Gebühr zwischen 0,25 und 2,40 Euro. Je höher ich also meinen Startpreis für das Schränkchen oder das Armband ansetze, desto mehr muss ich zahlen. So kommt es, dass man bei eBay die meisten Artikel zu einem wirklich klitzekleinen Startpreis findet, der sich im Laufe der Auktion immer höher und näher an den tatsächlichen Wert schraubt.

eBay kassiert natürlich auch mit, wenn die Auktion Erfolg hatte: Die Provision beträgt zwischen 1,5 und vier Prozent. Gezahlt wird per Bankeinzug. Und alle Extras kosten – wie der Name schon sagt – eben extra: Wenn ich mein Angebot in extra fetter Schrift präsentieren möchte, macht das einen Euro zusätzlich, stelle ich den Gebrauchtwagen in die Kategorie *Top-Angebote*, muss ich von vornherein 15 Euro mehr blechen.

Von den Gebühren lebt der elektronische Handelsriese, der in Deutschland 1999 gegründet wurde und mittlerweile 450 Mitarbeiter beschäftigt. Die Zentrale liegt in Dreilinden bei Berlin. Die Geschäftsidee stammt aus den USA. Hier ist eBay eines der wenigen Unternehmen am Neuen Markt, das von Anfang an profitabel war. Seit 1995 funktioniert dieser Umschlagplatz. 2002 meldet eBay einen Reingewinn von 87 Millionen Dollar bei einem Nettoumsatz von 413,9 Millionen Dollar.

Meine dunkelrote Lederjacke Größe 36 hat nur 35 Euro gekostet. Gut, sie ist nicht mehr neu, aber die ehrliche Verkäuferin hatte neben einem Amateurfoto des guten Stücks auch eine ungeschönte Beschreibung geliefert. Ich wusste also, dass ich kein Designerteil erwerbe. Mein Glück: An dem Samstagabend, an dem die Auktion zu Ende ging, saßen offenbar nur

Opfer unserer Wohlstandsgesellschaft, nämlich dicke Damen ab Größe 46, vor dem Bildschirm. Ich saß übrigens nicht davor.

Denn mittlerweile nutze ich auch die Beharrlichkeit des virtuellen »Bietagenten«, auch ein Service, den eBay anbietet. Das Schöne am Bietagenten: Er ist kostenlos und er bewahrt den Zocker davor, im Eifer des Gefechtes mehr zu bieten, als er je vorhatte. Er spart also möglicherweise Geld – und Zeit sowieso –, weil er auch dann aktiv ist, wenn man nicht online ist.

Für die Lederjacke, so hatte ich mir vorgenommen, wollte ich nicht mehr als 35 Euro zahlen. Diese Summe gebe ich unter »Agentengebot« ein. Dann tritt der eBay-Agent auf den Plan. Er bietet dabei in meinem Namen automatisch immer gerade so viel, dass ich Höchstbietende bleibe, und zwar bis mein für die anderen Nutzer verdecktes Höchstgebot erreicht ist.

Wenn ich Pech habe, werde ich überboten. Deshalb muss ich mir vorher genau überlegen, wo meine Schmerzgrenze liegt. Und darf mich hinterher nicht ärgern, wenn jemand das geliebte Eau de Parfum in Originalverpackung für genau einen Euro mehr bekommen hat, als ich meinem Bietagenten erlaubte.

Wenn ich ganz ehrlich bin: Mit dem Bietagenten ist es allerdings auch ein bisschen langweilig. Ich liebe das Risiko, und Schnäppchen erfreuen mich umso mehr, wenn ich sie in einer wahren »Schlacht« ergattere. Adrenalinstöße gehören dazu. Kaum ein anderes Feld ist dafür so geeignet wie eBay. Ramsch war gestern. Heute verschleudern sogar viele Einzelhändler ihre Ware bei eBay knapp über dem Einkaufspreis, wenn sie sie im Laden nicht loskriegen.

Und mein lindgrünes Kostüm, Größe 34, ist auch kein Ramsch. Ich habe es digital fotografiert und nett beschrieben. Meine Auktion dauert acht Tage. Ein wichtiger Trick: Man sollte seine Auktion nicht an einem Werktag auslaufen lassen, dann erhält man in der Regel niedrigere Angebote. Am Wochenende haben die Leute mehr Zeit zu stöbern, und die Geldbörse sitzt lockerer. Ich will 15 Euro für das lindgrüne Kostüm. Höchstens fünfmal getragen, also so gut wie neu. Ein echtes Schnäppchen. Mir passt es sowieso nicht mehr.

Und wenn ich das Geld habe, dann schaue ich mal auf die Seite *http://www.whiskyauktion.de*, ein Freund hat bald Geburtstag und Sie wissen ja, was Whisky im Laden kostet. eBay ist übrigens nicht das einzige Internetauktionshaus. Vieles, was der Zoll Schmugglern an der Grenze abgenommen hat, wird unter *http://www.zoll-auktion.de* versteigert, ein recht großes Auktionshaus – mit niedrigeren Gebühren als eBay. Auch bei Atrada oder Besteauktion lohnt sich die Schnäppchenjagd. Der virtuelle Hammer ist in und spart Geld. Und wenn man etwas ganz Spezielles oder besonders Billiges sucht, lohnt es sich, den Begriff unter *http://www.asearch* einzugeben – das Programm sucht dann in mehr als hundert virtuellen Auktionen. Zum Ersten, zum Zweiten, zum Dritten…

Seit einiger Zeit kaufe ich auch einige meiner Bücher im virtuellen Buchladen, bei *http://www.amazon.de*. Meinem kleinen, netten Buchladen habe ich zeitweise den Rücken gekehrt und schäme mich auch ein bisschen dafür. Den Laden gibt es schon ewig. Drinnen ist es furchtbar eng, Krimikarussell direkt neben Herz-Schmerz-Ständer, sodass kaum zwei Kunden Rücken an Rücken zwischen die Taschenbücher passen, die Vorbestellungen liegen hinter der Kasse auf dem Boden, und die nicht mehr ganz junge Buchhändlerin, die – ein schwerer Schicksalsschlag – sehr schlecht sieht, kann die Nummernzettel nur mit Mühe lesen. Ich bin einfach immer zu ihr hinter die Kasse geklettert und habe meine Vorbestellungen selbst herausgesucht. Danach habe ich ein gemütliches Stündchen im Laden verbracht, Neuerscheinungen angelesen, Kunstbände durchgeblättert, mich meist in irgendeinen Roman verliebt und ihn dann mitgenommen. Es waren schöne Stunden in der kleinen Buchhandlung.

Auch für meinen Sohn. Die Kinderabteilung ist im Untergeschoss, da steht ein Schaukelpferd und ein Korb mit Lego und

Duplo. Es gibt eine reizende Buchhändlerin, die mir stets mit Herz und Verstand Neuerscheinungen aus der Kinderbuchwelt empfahl. Ich habe die Bilderbücher in Ruhe durchgeschaut und mich bei den Preisen geschüttelt, während Junior seelenruhig Lego-Türme baute oder auf dem Schaukelpferd gen Süden ritt. Manchmal tappte er auch an den Regalen entlang und gelegentlich hat ihn auch ein Bilderbuch angelacht: »Mama, kauf!« Dann schleppten wir den Schatz nach Hause, und er konnte es gar nicht abwarten, bis wir auf dem Sofa saßen und den neuen Freund in die Familie aufnahmen.

In meiner Stadt gibt es natürlich auch große, gut organisierte Buchhandlungen. Im Dezember türmen sich die Kalender im Foyer, im Januar heißt das Motto »Reisen« und dann gibt es auf Wühltischen alles von Ballermann bis Grönland. Im Mai werden die Verliebten bedient, im November kämpft man mit Lyrik gegen den Blues.

Die Auswahl im ersten Stock ist riesig, die Verkäuferinnen sind belesen und geben wirklich gute Tipps. Fast jedes Buch wird innerhalb von 24 Stunden besorgt, und man muss nicht hinter die Kasse klettern, um seine Vorbestellung abzuholen. Aber man muss hin. Mit dem Auto in die Innenstadt, Parkplatz suchen, Parkgebühren bezahlen, zum Laden laufen – und dann ist die Bestellung, leider, leider noch nicht da. Also heißt es am nächsten Tag: Neues Spiel, neues Glück. Und das heißt es im virtuellen Buchladen *www.amazon.de* eben nicht. Das ist jedoch nicht der einzige Grund, weshalb ich mehr und mehr im Internet kaufe. Amazon bietet auch dem Schnäppchenjäger ergiebige Jagdgründe.

Einer, der mein schlechtes Gewissen gegenüber den heimischen Buchläden beruhigt, ist Wolfgang Twardawa, Marketingleiter der Gesellschaft für Konsumforschung (GfK) in Nürnberg. Der Mann hat mich und alle Centfuchser durchschaut: Wir sind »hybride multioptionale Verbraucher«, die längst nicht mehr dem Händler an der Ecke die Treue halten.

»Hybrid multioptional« – diese Bezeichnung, die an eine schwere, ja unheilbare Krankheit erinnert, macht dem klassischen Einzelhändler schwer zu schaffen. Nicht nur dem Gemüseladen, dem Metzger, Bäcker, dem Radiohändler oder dem kleinen Supermarkt um die Ecke – die haben ihre Feinde längst standortnah und heißen Aldi, Lidl, Media-Markt und Saturn. Die wahren Totengräber lauern im Internet. Die Branche hat 2002 ihren Umsatz gegenüber dem Vorjahr um 60 Prozent gesteigert. Und die Zahl der Kunden wächst und wächst. Mehr als 30 Millionen Deutsche sind am Netz, und fast jeder zweite Erwachsene besorgt sich Waren im Internet. Vor allem Bücher.

Und das nicht nur zur Weihnachtszeit, wenn das Buchgeschäft besonders boomt. »Vom 1. November bis zum 16. Dezember« – so frohlockt Ralf Kleber, Deutschland-Chef von Amazon in einem Interview der *Frankfurter Allgemeinen Zeitung* – »haben die Amazon-Kunden in aller Welt 48 Millionen Produkte bestellt.« Mehr als 100 000 Pakete versendet Amazon jeden Tag an seine Kunden. Und manchmal auch an mich. Einfach: *http: //www.amazon.de* aufrufen. Eine übersichtliche Navigationsliste erscheint. Amazon führt nicht nur Bücher, sondern auch CDs, Videos, DVDs, Computer- und Videospiele, vieles aus den Bereichen Elektronik und Foto. Aber der Schwerpunkt liegt eindeutig auf Büchern und bei CDs. Im Feld *Schnellsuche* gibt man einfach den gesuchten Begriff, z. B. einen Buchtitel, Interpreten-Namen oder die ISBN ein. Und dann geht es los. Jedes Produkt hat bei Amazon eine eigene Seite. Hier findet man alle wichtigen Angaben: Produktabbildungen, Preis, Verfügbarkeit, Format und Beschreibung, Rezensionen von Fachleuten und Amazon-Kunden. Wenn man sein Buch gefunden hat, kann man es mit einem Mausklick in den Einkaufswagen legen.

Die von Amazon sind gewieft. Sie empfehlen zu jedem Titel sofort mindestens ein zweites Buch, entweder vom gleichen Autor oder zu einem ähnlichen Thema. Sollte es irgendeine CD geben, die nur entfernt mit dem gesuchten Werk zu tun hat, wird sie aufgelistet. Hörkassetten des Titels werden genannt. Sogar T-Shirts gibt es zu aktuellen Titeln. Das alles dient einem simplen und durchschaubaren, dennoch legitimen Zweck: Verkaufen, was das Zeug hält. Dem Kunden wird es schmackhaft gemacht: Wenn man zwei Bücher bestellt (oder eine CD dazu), reduzieren sich die Portokosten. Es sei denn, das erste Buch ist schon teuer genug, denn ab 20 Euro liefert Amazon portofrei.

Bevor man seinen Einkaufswagen füllen kann, muss man sich natürlich auch bei Amazon anmelden, mit vollem Namen, Adresse und Kontonummer, wenn man es sich ganz bequem machen will und seine Schmöker per Bankeinzug bezahlen möchte. Der Internet-Buchladen liefert auch auf Kreditkarte und auf Rechnung, aber Vorsicht: Das kostet pro Einzelversand einen Euro.

Für Schnäppchenjäger bietet Amazon – neben attraktiven Sonderangeboten mit Preisnachlässen bis zu 40 Prozent auf den Ladenpreis – seit kurzem einen neuen Markt: gebrauchte Bücher. Nicht, dass Amazon selbst ein Lager vergriffener Schmöker unterhält, dies würde die Lagerkapazitäten in Bad Hersfeld deutlich überfordern. Das Logistikzentrum in der osthessischen Kleinstadt, das der Hamburger Zwischenbuchhändler Georg Lingenbrink GmbH (Libri) und Amazon gemeinsam betreiben, gilt als das weltweit größte Distributionszentrum für kleinteilige Logistik. 50 Millionen Bücher werden jährlich aus Bad Hersfeld verschickt, denn im Gegensatz zum traditionellen Buchhandel, der kaum noch Umsatzzuwächse verbuchen kann, wächst der Absatz über das Internet ständig.

Aber zurück zu den gebrauchten Büchern: Nicht Amazon, sondern die Kunden bestimmen das Geschäft.

Im vergangenen Jahr ist meine Mutter gestorben und hat mir fast 600 Bücher hinterlassen. Niemals werde ich mich von den Bänden trennen, in die sie mit zittriger Hand geschrieben hat: »Von Christine zu Weihnachten 1990.« Und auch nicht von den Erstausgaben, die sie nach dem Tod ihres Vaters in den eigenen

Bücherschrank stellte. So etwas zu verkaufen, das gehört sich nicht.

Aber seit ich Muttis Bücherschrank geerbt habe, gibt es *Vom Winde verweht* doppelt, gebunden, in erstklassigem Zustand. Die *Forsyte-Saga*, *Don Camillo und Peppone*, Böll, Grass, Luise Rinser, alles doppelt, alles steht auch schon seit Jahren bei mir im Regal. Und stand eben auch bei ihr.

Die Romane von Patricia Highsmith sind ebenfalls im Zwillingspack vorhanden, von *Ripley Underground* über den *Süßen Wahn* bis zum *Lösegeld für einen Hund*. Boileau/Narcejac – komplett, alles von Hansjörg Martin, in meiner Sammlung fehlt nicht ein van de Wetering. Okay, man kann gute Krimis auch zweimal lesen, aber muss man sie deswegen auch zweimal haben?

Hier ist Amazon meine Rettung und eine gute Geldquelle dazu. Verkäufer werden ist nicht schwer. Man benötigt eine deutsche Bankverbindung und eine deutsche Postadresse.

Amazon macht es den Laien unter uns Verkäufern leicht: Man hat die Möglichkeit, das eigene »Gebraucht-Buch« direkt neben der entsprechenden von Amazon präsentierten Neuware anzubieten. Also mein altes »Vom Winde verweht« für 10 Euro steht direkt neben der Jubiläumsausgabe für 25 Euro. Und ich darf auch dazu schreiben, dass meine Scarlett absolut fit ist, keine Eselsohren hat und wirklich neuwertig ist.

Natürlich sollte man das eigene Angebot möglichst ehrlich einordnen: von »Gebraucht, sehr gut!« bis zu »Gebraucht! Mit Widmung! Aber noch lesbar!«

Das Listen der Angebote in Amazon Marketplace ist kostenlos – Gebühren fallen erst an, wenn man einen Artikel tatsächlich verkauft. Die gesamte Abwicklung übernimmt Amazon, mit dem Käufer hat man direkt gar nichts zu tun. Amazon zieht dann vom Käufer des Artikels den entsprechenden Verkaufspreis ein, behält eine Verkaufsgebühr von 0,99 Euro zuzüglich 15 Prozent des Verkaufspreises (10 Prozent bei Verkäufen von

Artikeln aus der Kategorie *Elektronik & Foto*) und schreibt die restliche Summe einem sogenannten Payment-Konto gut, das man sich als Verkäufer anlegen muss. Klingt vielleicht kompliziert, ist es aber nicht, weil man wirklich Mausklick für Mausklick sehr verständlich in die Geheimnisse des Gebrauchtlektürehandels eingeführt wird. Darüber hinaus erhält man eine Versandkostenpauschale, die dazu beiträgt, dass die Portokosten für den Versand von Grass, Rinser und Böll nicht ganz so wehtun.

Natürlich ist es mit Arbeit verbunden, wenn man sich als »Buchhändler« betätigen möchte. Man muss schon selbst die Päckchen packen, die Adressen schreiben, die Päckchen auf die Post schleppen. Von nichts kommt nichts. Doch Amazon macht einem zumindest die finanzielle Abwicklung leicht, die Bezahlung klappt reibungslos. Und wo sonst kann ich meinen alten *Don Camillo* einem Millionenpublikum anbieten?

Es gibt übrigens einen Kniff, um den kassierenden Zwischenhändler Amazon gelegentlich auszutricksen. Wenn Sie erst einmal jemand gefunden haben, der Ihnen zwei Mankells abgekauft hat, dann kennen Sie seine Adresse. Das ist Ihre Chance: Schreiben Sie dem Krimikäufer persönlich eine nette E-Mail oder eine Postkarte, und versichern Sie ihm, dass Sie noch mehr Mankells haben, die auch ohne Amazon-Gebühren verschickt werden können!

Auf diesem Weg habe ich das Erbe meiner Mutter jetzt deutlich reduziert. Und ich weiß, sie würde sich darüber freuen, dass ihre schönen Bücher nicht im Altpapier, sondern bei Leuten gelandet sind, die sie noch einmal lesen. Um sie dann wieder bei Amazon zu verticken.

Die schöne neue Bücherwelt hat für mich allerdings einen entscheidenden Haken. Wenn man sich einmal bei Amazon angemeldet hat, dann steht Big Brother auf der Matte. Jedes Mal, wenn Sie Amazon aufrufen, werden Sie mit Namen begrüßt:

»Hallo, liebe Christine!« und am unteren Bildrand erscheint die drohende Zeile: »Christine, verdienen Sie 195,30 Euro, verkaufen Sie Ihre Amazon-Käufe bei Amazon.de!«

Das nervt. Das stört. Das ärgert mich. Amazon wird deswegen natürlich davon nicht ablassen. Das suspekte »Kaufempfehlungssystem«, das die Amazon-Seiten dominiert, will der Online-Versandhändler jetzt patentieren lassen. Dieses Kaufempfehlungssystem beruht darauf, das Surf-Verhalten der Besucher in den Online-Shops zu analysieren. Man zieht anhand aufgerufener Seiten Rückschlüsse auf mögliche Interessen der Verkäufer. Suche ich die schneebedeckten Zedern von David Guterson, wird mir zusätzlich *Östlich der Berge* angeboten, rechts unten zeigt mir eine Spalte, welche Bücher ich mir angesehen habe, bevor meine Wahl auf Guterson fiel. Da hat man schon das verdammt unangenehme Gefühl, ständig beobachtet zu werden.

Aber ich bin ja, das habe ich von der Gesellschaft für Kommunikationsforschung gelernt, hybrid multioptional. Und eine Option lasse ich mir auch von Amazon nicht nehmen: Der Besuch in meinem geliebten, kleinen Buchladen. Denn eines gelingt den völlig überfrachteten Internetseiten des Online-Buchladens überhaupt nicht: die Lust am Lesen zu wecken. Man ist froh, wenn man seine Bestellung fehlerfrei abgeschickt hat oder einen alten Schinken gut losgeworden ist. Aber dass man sich gemütlich in einem neuen Roman festliest, rote Bäckchen beim Schmökern kriegt und das Buch wie einen glücklich gefundenen Schatz nach Hause trägt, dieses wunderbare Erlebnis sucht man im virtuellen Laden vergeblich.

14 More Miles – Less Money
Die billigsten Wochen des Jahres

Ich habe 19 Euro. Was mache ich damit? Mir einen gestreiften Baumwollpulli bei C&A leisten, den Einkaufswagen beim Aldi hochvoll packen, einmal zum Italiener essen gehen – aber bitte alleine! – oder mit Germanwings nach Rom fliegen? Ganz klar: Up, up and away! Es stimmt tatsächlich: Für unglaubliche 19 Euro kann man heutzutage in die Ewige Stadt fliegen. Allerdings nur hin.

Wenn ich etwas mehr investiere, genau 93 Euro, dann kriege ich dafür bei L'tur einen Hin- und Rückflug mit der Condor von Köln nach Mallorca. Das Drei-Sterne-Hotel »Helios« will für ein klimatisiertes Einzelzimmer mit Sattelitenfernsehen und Frühstück 38 Euro pro Nacht, mein verlängerter Wochenendtrip auf die sonnige Insel kostet mich also exakt 207 Euro.

Ein wenig mehr, nämlich 220 Euro, verlangt unsere gute Deutsche Bahn für eine ICE-Rückfahrkarte von Frankfurt nach Berlin. Ohne Übernachtung, ohne Frühstück und ohne Fernsehen, versteht sich.

Es gibt kaum eine Branche, bei der die Preise so radikal in den Keller gestürzt sind wie auf dem Touristik-Markt. Am Urlaub, so hieß es früher, sparen die Deutschen zuletzt. Das war einmal. Gegeizt wird jetzt auch bei den schönsten Wochen des Jahres. Die Buchungen brachen im Jahr 2002 um mehr als 12 Prozent ein. Bei dieser Flaute haben vor allem Billigflieger gewaltigen Aufwind. Selbst große Konzerne wie TUI weiten ihr Angebot an Billigreisen erheblich aus. »Dramatisch« – so meint TUI-Konzernchef Michael Frenzel – habe sich das Konsumentenverhalten verändert und mäkelt weiter: »Das Thema Reisen wird heute sehr stark vom Preis getrieben.« Kann mir jemand erklären, warum dieser Mann sich wundert?

Auch Stefan Pichler vom TUI-Konkurrenten Thomas Cook blickt missmutig in die Zukunft und auf seine Einbußen. »Billig allein macht nicht glücklich!«, warnt der Reiseexperte und behauptet trotzig, dass Thomas Cook nicht daran denkt, seine Reisen »zu verramschen«. Dabei hat das Unternehmen gerade erst seine Flug- und Hotelkapazitäten reduziert und Stellen abgebaut.

Für mich als Smart Shopper und Schnäppchenjäger kommt die »Aldisierung« der Welt gerade recht. Und wenn sie jetzt auch den Tourismus-Markt erreicht hat, umso besser. Allerdings bin ich, Geiz hin, geil her, nicht dazu bereit, die schönsten Wochen des Jahres in Weltspartage zu verwandeln. Auch wenn Bulgarien, Kroatien und der Plattensee mit Superniedrigpreisen um mich werben – tatsächlich verbuchen die südosteuropäischen Länder im vergangenen Jahr ein sattes Plus an Touristen –, stehe ich den aus dem Boden gestampften Hotelgiganten mit ihren »All-inclusive-zwei-Wochen-im-Doppelzimmer«-Schnäppchen sehr kritisch gegenüber. Discount-Tourismus ist nicht unbedingt mein Reisestil, und mir graut vor den »All you can eat«-Buffets. Alltours, der absolute Preisbrecher in Sachen Pauschalreisen, muss auf mich verzichten. Und bei Tchibo, seit neuestem auch Billig-Reisebüro für den Veranstalter Dertour, kaufe ich höchstens Kaffee. Jedenfalls bislang noch.

Doch man sollte den heftig tobenden Konkurrenzkampf der Airlines und Reiseveranstalter nutzen, um mit wenig Aufwand günstige Flüge und Hotels zu finden, die ein Preis-Leistungs-Verhältnis bieten, das Herz und Geldbeutel erfreut.

Das neue Zauberwort der Touristikbranche heißt »Modul«. Das hat nun Gott sei Dank nichts mit der Pflegeversicherung zu tun, die bei Alten und Kranken häusliche Pflege nach »Modulen« abrechnet. Der Begriff Modul stammt aus dem Lateinischen und bedeutet so viel wie »Zusammensetzen«. Module sind gewissermaßen Bausteine, Puzzleteile, die zusammen ein hübsches Bild ergeben. Selbst zusammenstellbare Modulreisen für die Urlauber – so lautet die aktuelle Devise vieler Reiseveranstalter. Sogar die TUI will Ferien als Eigenkomposition aus individuell gewählten Elementen anbieten, ganz entgegen dem Einheitsangebot der Pauschalreise. TUI-Chef Michael Frenzel war aufgefallen, dass lediglich sein neuer Billigflieger Hapag-Lloyd Express in der Wirtschaftsflaute ein gewisses Wachstum verzeichnete, die Pauschalreisen dagegen immer weniger gebucht wurden. Also setzt auch er auf Module. Die neue Reiseidee heißt bei der TUI »Low-Cost-Pauschalreise«. Der Urlauber kann bei der Buchung einer Low-Cost-Pauschalreise jeden winzigen Baustein aus einem Gesamtpaket ausklammern – bis hin zum Essen im Flieger, das er sich sparen möchte.

Doch für einen maßgeschneiderten Urlaub brauche ich weder TUI noch Thomas Cook, ich bin mein eigener Reise-Architekt. Wenn ich will, kombiniere ich das Fünf-Sterne-Hotel, das ich mir selbst ausgesucht habe, mit einem Billigflug der Airline meiner Wahl, füge ein Ayurveda-Modul und den Golfkurs eines günstigen Veranstalters vor Ort hinzu und verzichte dankend auf den Bustransfer vom Airport ins Hotel, weil ein Mietwagen auf mich wartet.

Das Internetangebot an preiswerten Lastminute-Flügen, guten Hotels, Sportipps und Wohlfühlideen ist riesig. Damit man den Überblick nicht verliert, nutzt man am besten eine Website, die – wie eine Suchmaschine – diverse Angebote auflistet und miteinander vergleicht.

Bei *http://www.de.lastminute.com*, nach eigenen Angaben die meistbesuchte Reise- und Freizeitwebsite Europas, ist man auf der Suche nach Schnäppchen in jedem Fall gut bedient. Hier findet man kurzfristig verfügbare Angebote in den Kategorien *Reisen*, *Flüge*, *Hotels*, *Wellness*, *Fun 'n' Action*, *Shopping*, *Entertainment-* und *Sport-Tickets* sowie *Mietwagen*, *Ferienhäuser* und *Reiseversicherungen*. Weltweit kooperiert *lastminute.com* mit über 14 700 Partnern, in Deutschland z. B. mit FTI Touristik, Rewe Touristik, Lufthansa, Air France, Alitalia, Steigenberger Hotels & Resorts, Kempinski Hotels, Air Events, Feelfree, Interchalet und anderen. Die Suchfunktion bei Lastminute funktioniert sehr komfortabel. Gebe ich »Paris« als Stichwort ein, werden mir nicht nur Reisen angeboten, sondern auch Hotels vorgestellt, Shopping- und Entertainment-Tipps gegeben. Pauschalreisen kann man nach Preisen sortieren lassen, nach Kategorie, Ort oder Leistung. Da Lastminute mit vielen Partnern zusammenarbeitet, ist die Auswahl an günstigen Angeboten tatsächlich sehr groß.

Eine wirklich empfehlenswerte Seite ist auch die Adresse *www.reisesuchmaschine.com*. Hier findet man mehrere so genannte »Restplätzedatenbanken« mit umfangreichen Angeboten von mehr als 30 Veranstaltern wie Air Marin, Alltours, Bucher, Kreutzer, Neckermann. Die »Kurz-vor-Abflug«-Datenbanken werden täglich aktualisiert, mit einem einzigen Mausklick kann man die Verfügbarkeit prüfen. Auch wer eine Pauschalreise sucht, ist bei dieser Suchmaschine ganz gut bedient: Es gibt eine umfangreiche Restplatz-Datenbank mit Tausenden von Pauschalangeboten der kommenden sechs Wochen direkt von TUI, Neckermann, der LTU-Gruppe, Alltours, ITS, FTI, der Condor-Gruppe, Bucher und Olimar. Auch Thomas Cook stellt Restplätze in diese Datenbank.

Wer nur billig fliegen will, der findet Flüge zum Taxipreis in der Regel bei Ryanair, Air Berlin oder Hapag Lloyd Express. Günstig sind auch die deutsche BA und Germanwings. Wen es auf den Stiefel zieht, der sollte sich die Angebote von *volareweb.com* ansehen. Der erste Billigflieger aus Italien lässt einen ab einem Euro plus Steuer und Versicherung in die Luft gehen. Volareweb ist ein Ableger der seit einigen Jahren bestehenden italienischen Fluggesellschaft Volare Airlines. Sie startet ihre Touristikoffensive ab April 2003 mit acht modernen Airbussen täglich zweimal vom Flughafen Hahn in der Nähe des Frankfurter Rhein-Main-Flughafens nach Venedig.

Eine flotte Suchmaschine für günstige Flüge ist auch

www.traveltopia.de, die von der Stiftung Warentest empfohlen wird.

Und wer sich auf Einzelanbieter nicht verlassen will, der kann unter *www.google.de* die Begriffe *Billigreisen*, *Billigflug* oder *Reiseschnäppchen* eingeben – und schon explodiert das Web! Viel Zeit und starke Nerven sind gefragt, um sich aus diesem Überangebot seine Traumreise zu basteln.

Sehr viel netter, allerdings am besten für Reisen in Europa geeignet, ist folgende Methode, die ich schon öfter mit Erfolg angewendet habe: Ich gehe in ein Reisebüro und nehme mir viele bunte Kataloge mit. Es ist wunderschön, in diesen Katalogen zu blättern. Ganz gleich, ob ich eine Ferienwohnung in Frankreich oder ein hübsches Hotel in London suche – diese Kataloge bieten Anregung und informieren über Lage und Ausstattung des gesuchten Objekts. Und danach lasse ich den Reiseveranstalter mit seinem Angebot allein und nehme direkt Kontakt mit dem gewünschten Hotel oder dem Fremdenverkehrsbüro des Ortes auf, an dem ich eine Ferienwohnung buchen möchte. Die »Office de tourisme« in Frankreich beispielsweise sind alle im Internet vertreten, eine kleine Mail genügt und man bekommt kostenlos eine Liste aller Hotels und Ferienwohnungen am Ort. Und wer nicht mailen möchte, schreibt einfach ein paar Zeilen. Direktbuchungen sparen immer Geld. Es hat bisher jedes Mal geklappt. Und man genießt es sehr, für einen deutlich günstigeren Preis im gleichen Hotel zu wohnen, das Reiseveranstalter X in seinem Katalog angepriesen hat.

Alle, die in Deutschland reisen möchten und nicht mit dem eigenen Auto fahren, müssen sich seit kurzem durch den neuen Tarifdschungel der Bahn schlagen. Dieses Preisgerippe hat zweifelsohne viele Nachteile und ist ungünstig für all jene, die beispielsweise als Kurzbucher-Reisende oder Pendler verbliebene Vorteile nicht nutzen können oder wollen.

Wenn man allerdings seine Reisetage frühzeitig planen kann und kein Misanthrop ist, kann man dennoch profitieren.

Der neue Bahntarif trägt den etwas kryptischen Namen »Plan & Spar«, ist aber ein Lichtblick im Preistunnel, wenn man ihn zu nutzen versteht. »Mit den neuen Plan&Spar-Preisen reisen bis zu vier Mitfahrer immer für den halben Preis«, schreibt die Bahn auf ihrer Website *http://www.bahn.de* – so weit, so einfach.

Nun gilt es, Züge zu finden, in denen ein bereitwilliger Mensch sitzen wird, der Sie zu Angehörigen seiner »Reisegruppe« erklärt und Ihnen damit die Ermäßigung ermöglicht. Er selbst spart auch, da man die von den Gesamtkosten verbleibenden 73 Prozent üblicherweise unter sich aufteilt. Im Gegenzug wird erwartet, dass derjenige, der mitgereist ist, vier Mitfahrerplätze anbietet, sobald auch er sich auf Reisen begibt. Auf den folgenden Internetseiten kann man Mitreisender werden und Plätze anbieten: *http://www.bahnfahrzentrale.de*. Die Nutzung dieses Dienstes ist völlig kostenlos und läuft ohne Registrierung ab. Wer eine Reise plant, gibt den Start- und Zielbahnhof sowie die Zahl der Reisenden in die Datenbank ein, die schon gebucht haben. Dann erhält man ein Passwort, um die Daten zu ändern. Wer eine Reise sucht, nennt die gewünschten Bahnhöfe und wählt ein Angebot aus. Wenn der Anbieter es zulässt, nimmt man Kontakt auf; wenn nicht, trifft man sich am Bahnhof bei Antritt der Reise. Auf jeden Fall erhält man als Suchender und Anbieter anonym eine Bestätigungsmail, wenn man die Mitreise zusagt.

Die Zahl der angebotenen Verbindungen ist nicht gerade überwältigend: Sogar auf Strecken, die man als viel befahren, bzw. zu Bahnhöfen, die man als stark frequentiert vermuten würde, gibt es über Wochen keine oder nur ein halbes Dutzend Verbindungen. Für den Startbahnhof Frankfurt am Main gab es beispielsweise nur zwanzig genannte abgehende Verbindungen für den gesamten Monat Januar 2003, für Mainz eine einzige

Hin- und Rückfahrt. Es ist zu hoffen, dass das Angebot an Verbindungen mit der Zeit steigt, wenn sich die Reisenden an dieses neue System gewöhnt haben.

Zuletzt sei gesagt: Der Dienst beruht auf dem Prinzip von Vertrauen und Fairness. Es ist weder möglich noch wünschenswert, eine einklagbare Zusicherung zu erreichen, dass die Reise wie vereinbart stattfindet. Die Seite schreibt dazu: »Wer zusagt, aber nicht am Treffpunkt erscheint, oder Angebote einstellt, die nicht ernst gemeint sind, der häuft böses Karma an und wird als Zimmerkaktus wiedergeboren.« Oder – noch schlimmer – als Hartmut Mehdorn.

http://www.ticket-teilen.de: Zwar sieht diese Seite nicht so schnuckelig aus wie die vorgenannte, sie funktioniert aber nach dem gleichen Prinzip. Bereitgestellt wird dieser Dienst vom Verkehrsclub Deutschland (VCD), in Verbindung mit dem Portal *preissystem.de.* Wer noch nicht ganz verstanden hat, wie man bei der Bahn durch Frühbuchen oder anderweitige Rabatte Geld sparen kann, wird dort beraten.

Beraten lassen kann man sich selbstverständlich auch auf der offiziellen Seite der deutschen Bahn namens *http://www.bahn.de:* Auch hier wird eine Mitfahrerbörse angeboten, die allerdings nach einem etwas anderen Prinzip funktioniert. Das Prinzip lautet »Warum einfach, wenn's auch kompliziert geht?« Hier kann man nicht einfach unverbindlich reinschauen, wer wann wohin reist und sich gegebenenfalls melden. Stattdessen … tja, nun … hm, was eigentlich?! Ganz ehrlich: Ich habe nicht verstanden, wie man als Mitreise-Interessent sich anmelden und Kontakt zu Mitreise-Anbietern bekommen kann. Die Geschäftsbedingungen mögen ein Labsal für Juristen sein, wie es das Formular für Beamte ist, aber für mich als Reisenden war es nur eines: abschreckend! Lieber die Finger davon lassen!

Mittlerweile hat die Bahn eingesehen, dass Teile ihres neuen Preissystems wenig sparfreundlich sind, vor allem für Familien mit Kindern. Das hat sie nun geändert: Ab sofort reisen alle Kinder bis 14 Jahre kostenlos. Die Deutsche Bahn führt eine Familienkarte ein, die bisherige Beschränkungen aufhebt. Bisher war kostenloses Mitfahren nur für drei Kinder gestattet, bei einem reisenden Elternteil konnten vier Kinder mitfahren. Bei weiteren Sprösslingen wurde der halbe Fahrpreis verlangt. Grund: Ein Fahrschein konnte nur für maximal fünf Personen ausgestellt werden. Die Änderung ist für kinderreiche Familien wirklich eine sinnvolle Sparmöglichkeit.

Weitere brauchbare bis gute Angebote für Bahnreisende findet man auf folgenden Internetseiten:

http://www.mitbahnen.de
http://www.fahrkartenpartner.de (mit Meta-Suche)
http://traintraveltogether.code-it.de
http://ticket-mitfahrer.de
http://kartenfuchs.de

Und hier noch ein Tipp für Autofahrer: Erst klicken, dann tanken! Benzin wird schließlich immer teurer. Da lohnt sich ein Blick auf die Homepage von *clevertanken.de.* Dort werden aktuelle Spritpreis-Vergleiche für fast jeden Ort der Republik angeboten. Einen ähnlichen Service, jedoch nur für größere Städte, gibt es unter *nice-prices.de.* Dort steht auch ein Umweg-Rechner zur Verfügung, der ermittelt, ob sich die Fahrt zu einer billigeren Tankstelle lohnt.

15 Der lautlose Basar
Swops, Digits und Couponing

Der Swop haust in Esso-Tankstellen, die glücklichen Digits logieren bei der Telekom und haben ihren Zweitwohnsitz bei der Essener Karstadt Quelle AG.

Für 200 Swops, die ich mir spielend einsammle, indem ich 2000 Liter Esso-Kraftstoff tanke, bekomme ich ein wunderschönes Mountainbike von Pininfarina. Ich muss nur noch lächerliche 127,77 Euro dazuzahlen.

Pipps konnte man bei McDonald's gewinnen, freirubbeln und sofort vertelefonieren. Pipps sind Freiminuten. Der Vater von »Pipps«, der Münchner Unternehmer Peter Dumont, findet Freiminuten besser als Bonuspunkte.

Ich nehme zunächst mal alles. Mein Portemonnaie wölbt sich gefährlich. Ich habe eine Payback-Karte für den real-club und siebzehn angeschlossene Partnerunternehmen, die grüne Fashion Card von Sinn Leffers und die strahlend blaue von Peek & Cloppenburg. Kosmetik kaufe ich nur mit der goldenen Beauty-Card mit dem Aufdruck: »Weil Schönsein es uns wert ist!« Immerhin bekomme ich 5 Prozent auf Nachtcreme und Nagellack. Das beruhigt ungemein.

Miles & More – die Lufthansa-Karte, jetzt mit dem Payback-System der Metro vereint – ist ein Muss, aber die Ikea Family Card ist auch nicht schlecht, weil es da manchmal Frühstück umsonst gibt. Superprämien verdient man sich mit den Happy Digits der Telekom im Verbund mit der Karstadt Quelle AG: Schon für läppische 3000 Happy Digits gibt es die Glasschale »Ecco« im ausgefallenen Design mit Wellenoptik, nur 3600 Digits muss ich für weiße Bettwäsche mit Städtenamen zahlen, die angeblich für gute Träume sorgt. 42 900 Digits »kostet« ein

Dampfreiniger inklusive Bügeleisenfunktion für Textilien, Glas und beschichtete Flächen. Ich habe auf meinem Digits-Konto bisher 600 Pünktchen gesammelt. Reif für den Dampfreiniger bin ich frühestens in zehn Jahren. Aber Vorfreude ist ja bekanntlich die schönste Freude.

Es war im August 2001, als meine große Stunde schlug. Das Rabattgesetz wurde abgeschafft, ab sofort war rücksichtsloses Feilschen gesetzlich erlaubt. Zustände wie auf einem Basar, das hatte ich mir gewünscht. Das Gegenteil war der Fall. Verkäuferinnen verzogen missbilligend das Gesicht, wenn ich um Prozente fragte, in den Kaufhäusern verboten mir riesige Plakate den Mund: »Unsere Preise sind Niedrigstpreise!«

Es kam auch zu häuslichen Katastrophen. Nachdem mein Mann einmal miterleben musste, wie ich beim Kauf eines Radioweckers mit vorzüglichen Argumenten 3 Prozent Rabatt rausholen wollte – als der Verkäufer darauf nicht einging, forderte ich einen Satz kostenloser Batterien –, beschloss der Mensch, der in guten und schlechten Zeiten zu mir stehen wollte, nicht mehr mit mir einkaufen zu gehen. War es dennoch erforderlich, gemeinsam loszuziehen, verlangte er noch in den heimischen Wänden die bindende Zusage, dass ich mich nicht wie ein »Marktweib« verhalten würde. Mein Hinweis auf den sächsischen Ministerpräsidenten Kurt Biedenkopf, dem es gelungen war, bei der Dresdner Niederlassung von Ikea 15 Prozent Rabatt rauszuhandeln, konterte mein Biedermann mit höhnischem Gelächter: »Du siehst ja, was er davon hat!« Tatsächlich bekam Familie Biedenkopf ziemliche Schwierigkeiten wegen ihres preisbewussten Einkaufs. Feilschen ist in Deutschland einfach nicht politisch korrekt, es »gehört sich nicht«, an der Kasse nach Rabatt zu fragen, schon gar nicht, wenn alle dabei zuhören.

Doch nach dem Fall des Rabattgesetzes musste sich der Handel etwas einfallen lassen, wenn er die nach Schnäppchen gierenden Kunden zufrieden stellen und an sich binden wollte. Und deshalb schießen sie wie Pilze aus dem Boden: die Bonusprogramme, die Kundenkarten, die Rabattmarken und Coupons.

An mein buntes Kartenspiel habe ich mich längst gewöhnt. Es ist mir mittlerweile auch nicht mehr lästig, die jeweilige Bonuskarte beim Einkauf vorzulegen. Natürlich weiß ich längst, dass es für die Kundenkarte keine großen Rabatte gibt, der Nachlass schwankt zwischen 1 und 3 Prozent. Trotzdem macht auch Kleinvieh Mist. Und wenn ich meine Lebensmittel sowieso bei real einkaufe, warum soll ich dann nicht auch die Payback-Punkte sammeln?

Fast 20 Millionen Kunden nutzen mittlerweile die Payback-Karte. Sie gilt nicht nur im real-Supermarkt, sondern auch in den dm-Drogeriemärkten, sie lohnt sich beispielsweise auch an DEA-Tankstellen, in der Galeria Kaufhof und bei OBI. Wer sich bei Apollo-Optik eine Brille kauft, sammelt ebenso Payback-Punkte wie der AOL-User oder der Autofahrer, der sich bei Europcar einen Leihwagen nimmt.

Für Payback-Punkte gibt es Sachprämien – vom schnurlosen Telefon über die elektrische Zahnbürste bis zum Europcar Luxus-Weekend, das wie folgt angepriesen wird: »Einmal luxusmäßig Gas geben. Genießen Sie mit Europcar ein Wochenende lang alle Annehmlichkeiten der automobilen Oberklasse: in der Mercedes Benz S-Klasse, im 7er BMW, VW Phaeton oder Audi A8!« Man braucht dafür 10 000 Payback-Punkte! Ein Payback-Punkt hat den Wert von 1 Cent. Rechnen Sie selbst! Ich bin jetzt seit fast zwei Jahren Payback-Kunde. Für das Luxuswochenende hat das natürlich noch nicht gereicht. Aber man muss seine Punkte auch nicht in Prämien investieren, sondern kann sich von Zeit zu Zeit den Rabatt auch aufs Konto überweisen lassen. Und wenn es nur hin und wieder 25 Euro sind …

Anmelden kann man sich unter *http://www.payback.de*. Eine übersichtliche Seite mit einer wohl geordneten Navigationsleiste erleichtert den Einstieg. Die Anträge auf eine Payback-Karte gibt es natürlich auch bei allen Partnern des Systems, zu dem jetzt auch die Lufthansa gehört. Hinter der Karte steht die Münchner Loyalty Partner GmbH, an der die Lufthansa und der Metro-Konzern beteiligt sind. Seit kurzem gibt es die Payback-Karte sogar mit einer Kreditkartenfunktion von VISA. Und was kassiert man, wenn man diese Funktion bucht? Natürlich 250 Extra-Punkte!

Ganz zu Anfang habe ich Traumtänzerin meine wunderbare Payback-Karte an der Kasse schlichtweg tief im Innern der Handtasche vergessen. Draußen vor der Tür fiel mir mein Bonuskärtchen jedes Mal wieder ein, und ich ärgerte mich gründlich, dass ich erneut eine Hose ohne Punkte gekauft hatte. Das ist mittlerweile so gut wie ausgeschlossen. Jetzt sorgen die Kassiererinnen in den Kaufhäusern, Super- und Drogeriemärkten, in den Brillengeschäften und an den Tankstellen schon dafür, dass man das Rabattsystem nicht vergisst: »Haben Sie eine Payback-Karte?« ist die erste Frage, die man hört, wenn man die Kasse erreicht hat.

Nach dem gleichen Muster wie die Payback-Karte funktionieren auch die Happy Digits der Telekom, die sich mittlerweile mit dem Karstadt-Quelle-Konzern zusammengetan hat. Geplant ist, mehr als 20 Millionen Nutzer zu gewinnen und die Paybacker damit zu überholen. Angeblich verhandelt man schon mit der Tengelmann-Gruppe, um einen weiteren, attraktiven Partner ins Boot zu holen. Verwaltet wird das Bonussystem von der Customer Advantage Programm GmbH, beteiligt an dieser Gesellschaft sind – natürlich – Karstadt-Quelle und die Telekom.

Alles über die »glücklichen Ziffern« erfahren Sie auf der Seite *https://www.happydigits.de*, natürlich in jedem Laden der Telekom und in den angeschlossenen Kaufhäusern. Punkte sammelt man, wenn man in den entsprechenden Warenhäusern einkauft, sich bei Neckermann oder Quelle etwas bestellt oder in den angeschlossenen Reisebüros seinen Urlaub bucht. Nett bei den Digits finde ich, dass man auch Punkte mit der eigenen Telefonrechnung einheimsen kann, dies mildert den Schmerz beim Anblick des eng bedruckten Einzelnachweises.

Fast jeder Bundesbürger, so wollen Statistiker herausgefunden haben, verfügt mittlerweile über mindestens eine Kundenkarte. Und wenn es nur die seiner Apotheke ist. Das ist noch dünn und soll nach dem Willen der Unternehmensberatungen deutlich mehr werden. Den Spitzenplatz halten die Amerikaner, gefolgt von den Engländern und den Franzosen.

Datenschützer schreien natürlich Zeter und Mordio, wenn es um die Kundenkarte geht. Die denken nicht an die zauberhaften Prämien, sondern daran, dass die Konzerne mit diesem »billigen« Trick an die Adressen ihrer Kunden kommen und die Karten gnadenlos dazu ausnutzen, die Kaufgewohnheiten der Rabattjäger zu analysieren. Das Ergebnis sind strategisch gezielte Marketingaktionen, eine Flut von Werbebriefen, die jedes Mal so persönlich aufgemacht sind, als kämen sie von meiner allerbesten Freundin. Mich stört das nicht. Ich freue mich über den Gutschein von Sinn Leffers und schmeiße die Einladung zur Modenschau »mit einem Gläschen Prosecco« in den Papierkorb.

Und ich fürchte mich nicht davor, dass mein Kundenprofil – wo auch immer es gespeichert ist – offenbart, welche Zahnpasta ich bevorzugt kaufe, dass ich nur ein einziges Handy, aber einen VW Polo habe und jüngst beim OBI sieben Meter Gartenschlauch und eine Friedhofsvase erstand. Wenn die Verwalter meines Kundenprofils – und es müssen massenhaft Strategen bei vielen, konkurrierenden Gesellschaften sein, wenn ich so auf meine Kartensammlung blicke – aus dem aktuellen Kaufverhalten schließen, dass man mich nun mit Gartenzubehörwerbung und Kukidentbroschüren zudecken muss, dann lasse ich sie ihre Arbeit tun. Mittlerweile sehe ich den Postwurfsendungen oft schon von außen an, welche Reklamebotschaft sie enthalten.

In unserer Küche steht ein schöner, großer Weidekorb für Altpapier. Mein Mann leert ihn mittlerweile etwas öfter. Und geht wieder mit mir einkaufen. Denn mit der Kundenkarte hat das so genannte »stumme Feilschen« Einzug gehalten, der lautlose Basar ist erfunden. Ich bekomme Rabatt, ohne an der Kasse den Mund aufzumachen. Es ist diese einvernehmliche Stille zwischen der Kassiererin und mir, die der Herr an meiner Seite auffallend genießt.

Absolut ruhig geht es auch bei *http://www.webmiles.de* zu, einer Sparmöglichkeit, die sich kein User entgehen lassen sollte. Hinter Webmiles, in Deutschland 1999 gegründet, verbirgt sich eine GmbH, an der die Bertelsmann arvato direct services GmbH, Goldmann Sachs, Wellington Partner und Atlas Venture beteiligt sind. Webmiles sitzt in München, hat derzeit 36 Mitarbeiter und nach eigenen Angaben mehr als 1,5 Millionen aktive Teilnehmer. Für Einkäufe im Internet oder Online-Vertragsabschlüsse gibt es Punkte – Webmiles. Mehr als 40 Partnerunternehmen haben sich diesem Bonussystem angeschlossen, Fleurop gehört dazu, der ADAC und American Express, Quelle Versicherungen und die Zeitschrift *Focus*, um nur einige zu nennen. Mit der Zeit sammelt sich da ganz schön was an.

Und deshalb geht man natürlich gelegentlich der Absicht auf den Leim, die hinter all den Kundenkarten- und Bonusangeboten steckt: Bevor man sich zu einer etwas kostenintensiveren Anschaffung durchringt, checkt man erst mal das Kundenkartensammelsurium oder den Webmiles-Partner und kauft vielleicht eher dort, wo es Punkte gibt. Dann gibt's für die Strategen hinter den Kulissen was zu feiern.

Doch das klappt längst nicht mehr zuverlässig: Nicht nur ich vergleiche, ob mir meine 1 bis 3 Prozent auf die Kundenkarte, mein Bonus-Cent etwas bringt oder ob ein Schnäppchenangebot ohne Plastikrabatt mehr wert ist. Die Verbraucherzentralen haben es uns eingehämmert. Danke, wir haben verstanden. Wir nehmen, was wir kriegen können, aber wenn wir woanders mehr kriegen, nehmen wir das natürlich noch lieber.

Der allerletzte Schrei sind Coupons. »Einlösen spart Bares!«, prangt in fetten Lettern auf einem dreimal zusammengefalteten DIN-A-4-Blatt, das sich beim Auseinanderblättern als Couponblock mit insgesamt 14 Schnipseln entpuppt, die man aber nur vom 10. bis 22. Februar »beim Kauf eines der nebenstehenden Produkte in Ihrem MiniMAL-Markt einlösen kann!« Bedauerlicherweise brauche ich derzeit keine »Hipp Babynahrung ab 4. Monat«, denn sonst hätte ich beim Kauf von drei Gläsern 30 Cent = 9 Prozent gespart. Für Rheinhessenwein »Erben Spätlese, lieblich« springen pro Flasche 70 Cent raus, das sind immerhin 28 Prozent. Ich hasse liebliche Spätlese. Die Coupons segeln in den Altpapierkorb. Schade auch, murmelt mein Schnäppchengewissen, denn damit entgeht mir auch das Superangebot, bei einer Flasche Piper-Heidsieck Champagner brut genau einen Euro zu sparen, satte 5 Prozent.

Das »Couponing«, für uns neu und etwas verwirrend, ist fast hundert Jahre alt und stammt aus den USA. 1894 kam der Drogist Asa Candler auf die Idee, kleine Zettel für kostenlose Getränkeproben zu verteilen. Damit wollte er sein »Coca Cola« bekannter machen. Das Rezept hatte er für etwas mehr als 2000 Dollar dem Apotheker John Styth Pemberton abgekauft, doch der Verkauf des »Gehirntonikums« lief nur schleppend an. Mit den Coupons klappte es dann. Und so begann, Zettel für Zettel, der Siegeszug von Coca Cola und des Couponings.

Seitdem werden in den USA jährlich 250 Milliarden von Coupons unters Volk gebracht und vier Milliarden davon auch tatsächlich eingelöst, behauptet Jörg Pohlmann von NCH Marketing Services. NCH steht für »Nielsen Coupon Clearing

House« mit Sitz in Chicago und einer deutschen Niederlassung in Hamburg-Bahrenfeld. Die amerikanischen Schnäppchenjäger mit der Schere nennen sich Smart Shoppers – pfiffige Einkäufer. Star der Smart Shoppers, so berichtet der *Stern*, ist Katherine Ziller, die Vorzeige-Hausfrau für das Couponwesen. Angeblich verbringt sie die halbe Woche damit, die kleinen Coupons – wo immer sie ihrer nur habhaft werden kann – zu sammeln und auszuschneiden, um sie dann nach Warenkategorien zu sortieren. Im *Stern* ist zu lesen: »Sie spart mit ihrer Coupon-Clipperei 200 Dollar im Monat, gibt Kurse für Hausfrauen, wie man seine Coupons übersichtlich verwaltet, verschickt gegen Abo-Gebühr E-Mails mit Tipps und hatte im Frühstücksfernsehen von CBS sogar ihre eigene Show mit Schnäppchen-Hits.«

Katherine, mir graut vor dir!

Seit Oktober 2002 will der Axel Springer Verlag auch uns zu Hamstern der bunten Schnipsel machen: mit vier Millionen Exemplaren der kostenlosen Beilage »Cent plus«, die man einmal im Monat in der *Bild am Sonntag* und in *Bild der Frau* findet. Einlösen kann man die Coupons beispielsweise bei Spar, Superspar, Intermarche, Familia und real. Es gibt Gutscheine für Kaffee und Cola, für Bier und Waschpulver, für Schokolade und Shampoo.

Mich machen die Schnipsel nervös. Ich will keine Katherine werden! Um die Coupons effektiv zu nutzen, müsste ich mir in der Küche eine Art »Sortierkarton« mit mindestens zwanzig Fächern anlegen. Dann müsste nach Läden und Produkten geordnet werden. Und nach Verfallsdatum, denn die Coupons gelten nicht ewig. Strenge Disziplin ist mehr als gefragt! Wird Bier gebraucht, muss genau geprüft werden, wann, wo und zu welchem Rabatt frisches Veltins coupongestützt erworben werden kann. Das Ganze artet in eine außerordentlich zeitraubende und vor allem frustrierende Nebenbeschäftigung aus. Denn mein frisches Veltins ist im Spar mit 30 Prozent Rabatt zu haben, doch die Schokolade gibt's diese Woche nur beim Mini-MAL günstig, um 70 Cent ermäßigt bei drei Tafeln! Das ist mir zu stressig. Wer Couponing als den Werbetrend 2003 bezeichnet, der irrt meiner Meinung nach.

So ähnlich, wenn auch vorsichtiger, formuliert es Uwe Duilas vom Verlag Hamburg Media Company: »Deutschland hat da noch den Status eines Entwicklungslandes. Die Fundamente, um Couponing massenmarktfähig zu machen, müssen erst noch gelegt werden.«

Na, dann legt mal schön! Ich jedenfalls habe die Schere zurückgelegt in meine Küchenschublade und warte darauf, dass der elektronische Coupon kommt, der virtuelle Rabatt, den ich nicht in meiner Handtasche suchen muss. Und dann feststelle, dass ich dummerweise zwar einen schönen Coupon habe, aber im falschen Laden stehe!

16 Querdenker oder:
Die bucklige Verwandtschaft

Wir haben uns unsere Freunde ausgesucht, aber nicht unsere Verwandten. Und schon rein gar nichts können wir für unsere Vorfahren.

Stellen Sie sich vor, Sie besuchen einen guten Freund und auf dem edlen schwarzen Sessel im Wohnzimmer, auf genau dem, der Ihnen immer so gut gefallen hat (Billy Wilders Lounge Chair, gekauft als günstiges Imitat bei steelform.com), räkelt sich ein sonnengebräunter Gigoloverschnitt mit Goldkettchen, der sich als Freund des Hauses vorstellt. Sie würden am Verstand Ihres Freundes zweifeln, ihn beiseite nehmen und fragen, ob er noch alle Tassen im Schrank hat, oder Sie würden gleich gehen.

So, und nun stellen Sie sich bitte vor, in genau demselben Lounge Chair würde sich ein alter Kettenraucher mit Zahnlücken und Mundgeruch räkeln und ein sichtbar verlegener Freund stellt Ihnen seinen Großonkel Karl vor. Sie würden Ihren Freund um einen Schnaps bitten und ihn kräftig bedauern.

Nachdem wir also geklärt haben, dass wir nicht für unsere Verwandtschaft verantwortlich sind, darf ich Ihnen die Vorläufer der Smart Shopper, das holländische Ehepaar Hanneke van Veen und Rob van Eeden vorstellen, unsere Vorfahren im Geiste, oder besser im Geize.

Hanneke arbeitet als Psychotherapeutin, Rob als Umweltingenieur – Doppelverdiener mit recht aufwendigem Lebensstil.

Irgendwann hat sich bei beiden das *Rat-Race*-Gefühl eingestellt, jenes berühmte Gefühl der allgemeinen Sinnlosigkeit, das Gefühl, im Hamsterrad zu leben, immer mehr verdienen zu müssen, um immer mehr ausgeben zu können und dadurch in den Zwang zu geraten, noch mehr verdienen zu müssen.

Die beiden beschlossen, ihr Leben zu ändern, und sie schafften es mit unglaublicher Radikalität.

Mir ist, unter uns gesagt, nie ganz wohl bei Menschen, die ihr Leben mit unglaublicher Radikalität ändern.

Hanneke und Rob jedenfalls wurden berühmt als das geizigste Ehepaar Europas. Sie begannen, eine eigene Zeitung, die *Vrekkenkrant*, die Zeitung der Geizhälse herauszugeben.

Sie machten Schlagzeilen mit so originellen Spartipps wie: »Dusche immer zu zweit und im Dunkeln!« Nein, nicht aus den Gründen, an die Sie jetzt denken! Den beiden ging es echt nur um Strom- und Wasserersparnis.

Neben dem Telefon, so raten Hanneke und Rob außerdem, hat stets eine Eieruhr zu stehen, die anzeigt, wann Schluss mit dem teuren Gespräch ist.

Vergessen Sie den Lounge Chair, alle Möbel der echten Geizhälse stammen vom Sperrmüll! Die Zeitungen holt man sich vom Fußboden der U-Bahn und zu Hause sitzt man lieber im Schlafsack auf der Couch, als dass man die Heizung höher stellt. Eigentlich braucht man gar keine Heizung.

Wie gesagt, wir können nichts für unsere Vorfahren.

Hanneke van Veen und Rob van Eeden jedenfalls wurden die Idole einer überdrehten, verkauzten Geizszene, die schnell missionarische Züge annahm. Eine weltweite Bewegung!

Da empfahl eine Mary aus dem Staate New York, vor Gebrauch stets auf eine Klorolle zu treten oder zu springen. Die dadurch entstehende Unwucht verhindere ein zu großzügiges Abrollen des kostbaren Papiers. Auf der anderen Seite des Atlantiks errechnete Karsten, ein Diplomvolkswirt aus Grevenbroich, folgenden Sparplan: Man benutze stets Klopapier statt Tempotaschentücher. Beim einmaligen Schnäuzen spare man 0,1 Cent, auf ein verrotztes Leben von 45 Jahren hochgerechnet, ergibt sich die sagenhafte Sparsumme von 53,46 Euro.

Wir können echt nichts für unsere Verwandten.

Hanneke van Veen und Rob van Eeden lernten die ganze Tücke unserer Mediengesellschaft kennen. Kaum machten die beiden richtig Ernst mit dem kargen Leben, stiegen aus und sprangen raus dem Hamsterrad, wurden sie zu Stars erklärt, zu Superstars eines neuen Lebensgefühls. Und schon waren sie wieder drin im besagten Hamsterrad. Die beiden tourten durch die Talkshows, schrieben ein Buch nach dem anderen und fingen an, richtig Geld zu verdienen. Sie organisierten gut besuchte Geizseminare, sie wurden zu Meistern der Selbstvermarktung.

Und die beiden fingen an, ihren Geizkurs etwas weich zu spülen. Sie geben eine neue Zeitung heraus, ihr Name ist Programm: *Genug!* Die Zeitung wird auf umweltfreundlichem Recyclingpapier gedruckt, versteht sich. Das Hauptproblem des Geizorgans ist der astronomische Preis. Zwei ganze Euro für 32 Seiten – das ist für harte Geizhälse schlicht eine Zumutung.

Dafür gibt es einen echten Dreisternetipp: Wenn Sie beim nächsten Kochen für Freunde mal so richtig auffallen wollen, dann servieren Sie doch mal die billigste Suppe der Welt: Sauerkrautsuppe mit Linsen.

Zutaten: 1 Pfund Kraut, 150 Gramm Linsen, 2 Zwiebeln, 60 Gramm Rosinen, einen Schuss Milch und Öl. Diese kulinarische Köstlichkeit kostet lächerliche 70 Cent für acht Teller, und das heißt, weniger als 10 Cent pro Teller.

Sinnvolles Sparen hat was, sinnvolles Sparen ist eine Antwort auf die sinnentleerte Überflussgesellschaft, die uns umgibt.

Es gibt Freaks, die tragen einen Anzug auch noch nach 20 Jahren, ganz egal, ob er glänzt oder einen total absurden Schnitt hat. Und schlimmer noch, diese Typen stehen vor dem Spiegel und sind zutiefst gerührt, welch Opfer sie gerade wieder für die Dritte Welt und die globale Gerechtigkeit bringen.

Bei dieser Spar-Avantgarde wird das Leben zur Selbstkasteiung, wird Sparen nicht zum Versuch, mehr Lebensqualität zu erreichen, nein, hier wird auf jede Lebensqualität verzichtet.

Und das sind die Rezepte der Hardcore-Geizer:

- Werfen Sie ausgeblichene Kleidung nicht weg, sondern färben Sie sie einfach schwarz!
- Nehmen Sie Lippenstift als Wangenrouge.
- Motto: Legal, illegal, scheißegal – kleben Sie falsche Briefmarken! Die Post stempelt alles, was bunt aussieht.
- Beim Friseur lassen Sie sich die Haare vom Lehrling schneiden und handeln dafür einen Preisnachlass aus. In der Regel greift der Maestro schon rechtzeitig ein.
- Sparen Sie beim Finanzamt! Nein, nicht das, was sie meinen. Schlendern Sie über die Flure und sammeln die liegengebliebenen Briefumschläge ein.
- Gehen Sie auf Weinfeste und hoffen auf Gratisproben.

Kombiniert man all diese netten Ideen, dann entsteht ein Alltagsbild, das ich nur bei einem guten Single Malt ertragen kann.

Und wenn wir gerade beim Schimpfen sind: Ich werde auch keine Staubsaugerbeutel ausklopfen und mehrfach verwenden und ganz bestimmt keine gebrauchten Teebeutel auf der Leine trocknen, um sie ein zweites und drittes Mal zu benutzten.

Konsumiere weniger, dann hast du mehr!

Die wirtschaftliche Lage, die steigenden Abgaben, zwingen uns entweder, die Einnahmen zu erhöhen oder aber die Ausgaben zu senken. Bei dieser Rechnung darf aber die Lebensfreude nicht kaputtgespart werden.

Neulich las ich wieder mal von so einem Supersaver, von echten Diplomgeizhälsen empfohlen. Mit ein und derselben Papierserviette sollen wir uns zunächst den Mund und dann die Hände abputzen. So weit, so gut. Aber dann geht es in die Vollen: Wir sollen – immer noch mit dem selben Papier – sodann die Nase säubern und letztendlich den armen Fetzen als Toilettenpapier endgültig erledigen.

Eine appetitliche Vorstellung.

Aber, wie gesagt, kein Mensch kann etwas für seine Vorfahren.

17 Wie geizig sind Sie?
Machen Sie den Test!

Wir alle wollen, müssen sparen. Dem einen fällt es leicht, dem anderen aber passieren immer wieder die merkwürdigsten Ausrutscher in alte Kaufrauschgewohnheiten. Vielleicht können Sie ja gar nichts dafür, dass Ihnen das Sparen so schwer fällt, vielleicht sind ja Ihre Eltern schuld, vielleicht ist der Drang zum Einsatz der Kreditkarte ja genetisch bedingt. Testen Sie, welcher Spartyp Sie sind. Nicht, dass es etwas ändern würde, aber Sie werden merken – Ihre Ausreden werden besser.

Welcher Spartyp sind Sie?

Der heimliche Sparer

Keiner darf merken, dass es enger geworden ist. Nach außen bleibt alles beim Alten, in der Wohnung wird bei jedem Verlassen eines Zimmers das Licht ausgemacht. Es werden keine Restaurants mehr besucht, aber vom letzten Besuch wird kräftig und andauernd erzählt.

Der Dagobert-Duck-Typ

Der genetische Vorläufer aller Sparkampagnen, sparen ist lustbesetzt. Was ist ein in Orgasmus gegen einen neuen Tausender? Hat es eigentlich nicht nötig zu sparen, aber bezieht daraus seine Kicks.

Der anal fixierte, schmallippige Sparer

Krankhaft, auch bereit, das Aldi-Klopapier zweimal zu verwenden. Kennt kein Verfallsdatum, tyrannisiert Weib und Kind. Dieser Typ betritt ein Lokal nur dann, wenn er eine schriftliche Erklärung hat, dass er eingeladen wird. Einmal die Woche warm Duschen muss reichen. Lebensziel: Der Reichste auf dem Friedhof.

Der »Geiz ist geil«-Typ

Muss sparen, aber nimmt es sportlich. Sparen als Intelligenzbeweis, er kennt sich aus im Dschungel der Angebote, er ist der überlegene Jäger der Schnäppchen, er macht aus der Not eine Fun-Sportart.

Der multiple Persönlichkeitstyp

Auch der Schizo-Sparer genannt. Dieser Typ spart einige Wochen relativ konsequent aus Einsicht in die wirtschaftliche Notwendigkeit, aber nicht wirklich aus echter Überzeugung. Dann aber sieht er plötzlich eine Lederjacke für 500 Euro und schlägt spontan, kurz entschlossen zu, pfeift auf das überzogene Konto und fühlt sich sauwohl dabei.

Der Sparverweigerer

Dieser Typ hätte Sparen bitter nötig, aber er will und kann es einfach nicht. In extremen Fällen grenzt er an den Hochstaplertyp. Er fährt einen Fiat Panda, hat am Heck aber einen Ferrari-Aufkleber. Vor der kleinsten Pizza muss zwanghaft Ruccola mit Parmesan bestellt werden. Mehr scheinen als sein. Kompensiert Persönlichkeitsdefizite durch Geldverprassen.

Die Traditionssparer

Auch der »Weltkrieg II«-Typ genannt. In der Regel zwischen 1920 und 1930 geboren. »Kinder, ihr habt keine schlechten Zeiten erlebt!« Diese Leute haben schon gespart, als Hans Eichel noch im Kindergarten war, sie denken und empfinden nichts Besonderes dabei. Sparen ist für sie die einzig mögliche und bekannte Verhaltensweise. Diese Menschen besitzen nie eine Kredit- oder EC-Karte, die einzig bekannte Form der Geldanlage ist das Sparbuch. Die Dame des Hauses führt immer ein Haushaltsbuch.

Und welcher Spar-Typ sind Sie? Lesen, Ausfüllen, Ausrechnen!

1) Die Glühbirne Ihrer Nachttischlampe gibt ihren Geist auf. Wie werden Sie dieses Problem lösen?

a) Sie fahren »rein zufällig« mal wieder bei den Schwiegereltern vorbei und schlagen im Keller heimlich glühbirnentechnisch zu.

b) Sie gehen mit dem Suchbegriff: »Total-Auflösung und Elektrohandel« auf *google.de.*

c) In der Tankstelle fällt Ihnen wieder ein, dass Sie versprochen haben, sich um die Glühbirne zu kümmern. Sie kaufen sechs verschiedene Birnen, weil Sie sich natürlich weder Wattstärke noch Gewindegröße notiert haben.

2) Was schenken Sie Ihren Kindern zum Geburtstag?

a) Schatz, haben wir nicht noch ein Haus auf Sylt?

b) PISA hat doch deutlich gezeigt: Eltern sollten sich beim Schenken zurückhalten – schon aus pädagogischen Gründen.

c) Playstation 2-Konsole inklusive Metal Gear Solid 2, aber über eBay. Wie neu!

3) In Ihrem nächsten Leben kommen Sie als Tier auf die Welt. Sie werden ein

a) Schwan

b) Hamster

c) Fuchs

4) Wie könnte das Bankhaus Ihres Vertrauens am ehesten heißen?

a) Volks- und Raiffeisenbank in Bad-Sooden-Salmünster

b) Trinkhaus und Burkhardt auf der Kö in Düsseldorf

c) *www.comdirect.de*

5) *Wo verbringen Sie Ihren nächsten Urlaub?*

a) Im Kanuhura Sun Resort auf dem Lhaviyani-Atoll – aber nur in der Wasservilla!

b) Clubschiff AIDA, Kreta – Dubrovnik. Aber in der Nebensaison und in der C-Kabine (4-Bett), innen.

c) Seitdem sie auf den Balearen die Fremdenverkehrssteuer eingeführt haben, fliege ich nach Side: 1 Woche 4-Sterne-Hotel, Halbpension inkl. Flug für 266 Euro! Bei Tchibo! Buchungsnummer: 2678. Geht doch, oder?

6) *Stichwort: Dosenpfand. Ihre Meinung?*

a) Dosenpfand? Lächerlich! Ich kenne keinen – echt *niemanden* –, der allen Ernstes mit einer leer getrunkenen, halb zerknitterten, klebrigen Dose durch die Gegend läuft – wegen der paar Cents! Echt keinen!

b) Endlich bekomme ich was für all die leeren Dosen!

c) Da wollte einer unbedingt auch mal wieder ins Fernsehen kommen, stimmt's Herr Trittin?

7) *Wo sehen Sie Ihr Geld am besten angelegt?*

a) »Auf diese Steine können Sie bauen. Schwäbisch Hall.«

b) Beim Postbank DAX-Sparbuch.

c) Mit High Yield Bonds – *no risk, no profit!*

8) *Die Ökosteuer sowie die steigenden Rohölpreise sind*

a) mir egal, ich tanke sowieso im Ausland

b) nur etwas für Kleingeister

c) Wasser auf meine Mühlen – endlich rechnet sich meine Monatskarte!

9) *Sie haben vier Millionen im Lotto gewonnen. Und jetzt?*

a) Fein. Somit wären die Ausgaben für die nächsten drei Monate gesichert!

b) Jetzt löse ich endlich meinen Bausparvertrag bei Wüstenrot ab!

c) Hallo Chef!? Ich kündige!

10) Sie wollen Ihren Schatz mit einem selbst gezauberten Abendessen überraschen. Wie gehen Sie vor?

a) Hallo? Schlemmermeyer? Also, ich bräuchte da für heute Abend … ja, ja, genau, und bitte pünktlich! Ach, haben Sie auch Tischdecken?

b) Wie? Schatz?

c) Ich stehe um 8 Uhr in der Aldi-Schlange, denn heute gibt's einen Klasse-Bordeaux für 3,99 Euro. Erste Sahne!

Auswertungs-Tabelle:

Frage	A	B	C	Gesamt
1	1	2	3	
2	3	1	2	
3	3	1	2	
4	1	3	2	
5	3	2	1	
6	3	1	2	
7	1	2	3	
8	2	3	1	
9	3	1	2	
10	3	2	1	
			Summe	

10–16 Punkte: Typ A

Hallo Mr. Duck! Dagobert wäre stolz auf Sie! Sie sind der genetische Vorläufer aller krankhaften Sparkampagnen und haben in jedem Fall das Zeug zum Finanzminister! Schmallippig schlagen Sie jede Billigfährte ein, die sich vor Ihnen auftut, und feilschen mit hohem mathematischen Kalkül um alles – wenn es sein muss, sogar um das Verfallsdatum.

17–23 Punkte: Typ B

O Mann, sind Sie inkonsequent! Herrlich inkonsequent! Sozusagen der multiple Spartyp. Aus Einsicht in die wirtschaftliche Notwendigkeit können Sie ja so was von sparsam leben, so was von vernünftig verzichten! Einfach beneidenswert! Und immerhin halten Sie das auch gute drei bis vier Stunden am Tag durch. Immerhin!

24–30 Punkte: Typ C

Sparen? Sie? Aber klar! Sie haben in diesem Jahr immerhin auf das neueste Modell des Nokia Communicators, auf den neuen Plasma-Fernseher von Loewe verzichtet. Und die 2-Zimmer-Wohnung in Berlin Mitte nun doch vermietet – trotz fehlendem steuerlichen Kick. So gesehen sind Sie von allen Spar-Typen der überzeugendste.

18 Die neue Mitte oder: *Fangt endlich an!*

Wer zum Teufel hat eigentlich das Gerücht in die Welt gesetzt, deutsche Politiker seien langweilig, spießig und sähen alle gleich aus?

Ich kann dieser ehrabschneiderischen These nur vehement widersprechen. Im Gegenteil, das Berliner Personal ist Spitze und immer wieder für eine Überraschung gut.

Mal ehrlich, welches andere Land hat einen Politiker wie Joschka Fischer, welches andere Land erlaubt eine Karriere vom Street Fighter über den Turnschuhminister zum Vizekanzler? Mehr noch, Fischer ist seit Jahren mit beeindruckender Konstanz der beliebteste Politiker der Republik.

Jetzt will ein anderer Berliner Hauptdarsteller Fischers Biographie kopieren, und zwar ausgerechnet der blasse FDP-Fraktionschef Wolfgang Gerhardt. Dieser, von einer Westerwelle aus dem Vorsitz gespülte Herr aus der Partei der besserverdienenden Spaßvögel will allerdings Fischers Weg genau andersrum gehen – also vom korrekt gewandeten Politmanager zum Barrikadenkämpfer. O-Ton Gerhardt (noch im Anzug ohne Lederjacke): »Ich warte auf die Protestformen der bürgerlichen Mitte, die Blockade eines Finanzamtes ist der schönste Protest, den ich mir vorstellen kann.«

Man weiß ja von früher, wie das so mit außerparlamentarischen Protestformen ist – die verselbständigen sich gerne, die haben die Tendenz, sich zu radikalisieren. Wir dürfen also bald einen ganz neuen Wolfgang Gerhardt erwarten, einen mit schwarzer Lederjacke und – so es die Natur zulässt – mit lockiger Langhaarfrisur. In der Hand hält er ein Paar brennende Einkommensteuererklärungen, hakt Graf Lambsdorff unter und stürmt das Finanzamt Kreuzberg Süd.

Vom Bürgersteig gegenüber schauen ein paar Autonome staunend zu und murmeln was von »gar nicht mal schlecht für sein Alter, der Typ«.

Bitte aufwachen, einmal kräftig schütteln, ich bringe Ihnen gerne einen Espresso, so schlimm wird es schon nicht kommen.

Ich würde zwar auch gerne mal ein Finanzamt stürmen, noch lieber aber eine ordentliche Steuerrückerstattung (gibt es die eigentlich überhaupt noch?) im Briefkasten finden. Aber wenn Politprofis wie FDP-Gerhardt zu Demos vor Finanzämtern aufrufen, dann sträubt sich mein Nackenhaar, dann reagiere ich mit gesundem Misstrauen, mit Skepsis.

Ich mag keine Trittbrettfahrer.

Im Moment geschieht in Deutschland etwas sehr Spannendes. Aus der Mitte der Gesellschaft formiert sich Protest. Protest, der sich bei Wahlen artikuliert, der sich aber auch um scheinbar unpolitische Alltagsprobleme organisiert.

Das Prinzip ist simpel.

Wenn der Staat bei Problemlösungen versagt, dann sucht sich die Gesellschaft ihre Lösungen selbst, an der Politik vorbei.

Wenn gut hunderttausend Familien in Deutschland illegale Haushaltshilfen für die Versorgung der älteren Generation beschäftigen, dann tragen diese Familien trotz des Bruchs eines Gesetzes dazu bei, das Problem Altenpflege zu lösen.

Die Politik hat versagt, die Pflegekassen erwarten ein Defizit von 500 Millionen Euro in 2003.

Hier, im ganz Konkreten, ist kreativer, bürgerlicher Ungehorsam richtig und legitim.

Und – nicht zu vergessen, die Familien sparen eine Menge Geld.

Wir brauchen gesellschaftliche Selbstorganisation und keine FDP-Wahlveranstaltungen vor den Finanzämtern.

Die Strategen der Parteien stehen vor der neuen Spardiskussion und warten doch nur auf eine Gelegenheit, den Unmut der Leute in Stimmen für ihre jeweilige Partei zu kanalisieren.

Anfang des Jahres, bei den Landtagswahlen in Hessen und Niedersachsen, war die Union der überragende Gewinner. Die CDU profitierte von der Enttäuschung gerade bürgerlicher Wähler über die Finanz- und Wirtschaftspolitik der Regierung.

Es gibt die neue Mitte in Deutschland, und diese neue Mitte kann und wird Wahlen entscheiden.

Die neue Mitte will vor allem eines – endlich die Probleme des Landes angehen, endlich anfangen zu handeln und nicht immer nur reden, Kommissionen einsetzen, reden. Diese Stimmung im Land half Schröder 1998 den ewigen Kanzler Kohl, der längst zum Sinnbild des Stillstandes geworden war, zu besiegen. Dieselbe Stimmung half der Union zu ihrem Triumph in 2003, jetzt war es Schröder, der für Stillstand, staatliche Abzocke und Unentschlossenheit stand.

Die Niederlagen bei den Wahlen in Hessen und Niedersachsen schmerzten die SPD nicht nur, weil sie endgültig die Mehrheit im Bundesrat verlor, sondern weil gerade junge, moderne, aktive Menschen die SPD in Scharen verließen.

Leute, die eigentlich zum kulturellen Milieu der Linken gehören, wählten Union aus Sorge um die eigene wirtschaftliche Zukunft. Die junge Jurastudentin aus Hannover etwa, die Richterin werden will, aber kurz vor der Wahl erfährt, dass die SPD in Niedersachsen gerade bei der Justiz einsparen will. Und schon wählt sie zum ersten Mal CDU.

Der alte Stammvater der Sozialisten Karl Marx hat Recht, das Sein bestimmt das Bewusstsein.

In Deutschland hört man gerade bei gut Ausgebildeten um die 30 immer wieder denselben Satz: »Man sagte uns, wir seien die Zukunft dieses Landes, aber in Wirklichkeit sind wir die Gelackmeierten.«

Die Zeiten, in denen junge Menschen per se links wählen,

sind vorbei. Die SPD verlor in der Gruppe der 25- bis 35-Jährigen bei den Landtagswahlen in Hessen 15 Prozent in Niedersachsen sogar 21 Prozent, solche Verluste gab es in der deutschen Nachkriegsdemokratie noch nie.

Die Leute sind sauer, je nach Einkommen sprechen die Gehaltsabrechnungen eine klare Sprache: bis zu 150 Euro weniger durch Steuer und Abgabenerhöhung. Die Regierung traf genau die Gruppe, die ihr 1998 zum Sieg verholfen hatte, die neue Mitte.

Und die Angst geht um, auch in schicken Designerwohnungen.

Da gibt es, nur ein Beispiel unter vielen, Jochen K., 35 Jahre alt, Juniormanager in einem Telekommunikationsunternehmen. Er verdient ein sechsstelliges Jahresgehalt, in Euro versteht sich, er erlebt 2001 noch einen schönen Abwerbeversuch, dann aber in 2002 die Kündigung. Seitdem ist er arbeitslos. Nie hätte er gedacht, dass es ihn treffen könnte. Mittlerweile aber sind 1,6 Millionen der Arbeitslosen unter 35 Jahre alt.

Und – trotz aller staatlichen Bemühungen, wie z. B. das hochgepriesene Jump-Programm, sind eine halbe Million Arbeitslose jünger als 25 Jahre.

Neulich gab es eine wunderschöne Karikatur in einer Zeitung: Ein Patient liegt im Bett, angstgeweitete Augen, Schweiß auf der Stirn. Am Bett, im weißen Arztkittel, eine Spritze in der Hand, der Kanzler höchstpersönlich. Dr. med. Schröder meint: »Es könnte aber weh tun«, der Patient schreit auf: »Fang endlich an!«

Auf Partys wird nicht mehr vom Neuen Markt geschwärmt, es werden Schnäppchentipps verteilt.

Anfangs glaubten viele, die Deutschen würden nur eine neue Runde ihres Lieblingsspiels spielen – nämlich Jammern auf hohem Niveau.

Da gibt es immerhin Walter Jens, der einwirft: »Wir leben

immer noch in einem unsagbar reichen Land«, und Trendforscher Horx schreibt ein Anti-Jammer-Manifest.

Natürlich, lieber Walter Jens, sind die Probleme in Burkina Faso oder auf Timor deutlich drängender, aber auch bei uns werden die Leute immer ungeduldiger. Alle warten, und nichts geschieht. Das ist das Stimmungsproblem der Regierung.

Die größere Regierungspartei, die SPD, erinnert an einen Arzt, der versucht, einen schwer kranken Krebspatienten mit homöopathischen Lutschbonbons zu therapieren.

Raten Sie mal, von wem dieses Zitat stammt: »Wir werden die Modernisierung und die überfälligen Reformen in Wirtschaft und Gesellschaft rasch anpacken.«

Nein, nicht Jürgen Möllemann, auch nicht Stoiber im Jahre 2002, sondern Gerhard Schröder im Wahlkampf 1998.

Damit machte Schröder Eindruck, auch auf Unternehmer, auch auf bürgerliche Eliten. Diese Schichten hat die SPD auf absehbare Zeit verloren.

Damals versprach Gerhard Schröder alte sozialdemokratische Tugenden mit moderner Wirtschaftspolitik zu versöhnen. Heute, nach quälenden Debatten um Kündigungsschutz, Scheinselbstständigkeit und Steuerreform, sind all jene, die Modernität wählten, enttäuscht.

Superminister Clement hat jetzt die undankbare Rolle des Cheferneuerers übernommen.

Clement, der, wie schon viele vor ihm, antrat, die Arbeitslosigkeit zu drücken, hat verstanden, dass heutzutage Jobs nicht bei Thyssen, VW oder BASF entstehen, sondern bei Existenzgründern, bei Mittelständlern und in Kleinbetrieben.

Man muss wirklich kein Anhänger turbokapitalistischer Willkürmethoden sein, um Reformen zu fordern.

Wenn es uns nicht gelingt, die Arbeitslosigkeit zu senken, dann können wir so viel sparen, wie wir wollen, der Finanzminister, egal welche Partei ihn stellt, wird uns noch mehr schröpfen.

Also müssen wir alle – schon aus Eigennutz – an einer Senkung der Arbeitslosenzahlen interessiert sein.

Eigentlich bin ich für meine gute Laune berühmt. Momentan aber mache ich mir echt Sorgen. Es liegt zu viel Frust in der Luft. Wenn die Wähler zwischen den demokratischen Parteien hin und her pendeln, wunderbar, so soll es sein. Zeiten voller Frust aber sind gefährlich, gerade die deutsche Mischung aus knapper werdendem Geld und dem Gefühl von Starre, von Reformstau ist wirklich gefährlich.

Das sind die Zeiten für Rattenfänger, für Scharlatane, für politische Animateure ohne Netz und doppelten Boden – in Österreich war es Jörg Haider, in den Niederlanden Pim Fortuyn, in Dänemark einst ein Steuerrebell namens Mogens Glistrup.

Zwischen Arbeitslosigkeit und Steuerprotest wäre genug zu holen für eine rechtspopulistische Steuervermeidungspartei.

Bei allem Schnäppchenspaß, auf eines müssen wir achten: Wir wollen weniger Staat, weniger Steuern und mehr Geld für die Bürger, aber was wir ganz bestimmt nicht brauchen, sind politische Geisterfahrer, die versuchen auf eine gesellschaftliche Stimmung draufzusatteln.

Aus altem Geiz wurde die neue Sparsamkeit, ein anderes Lebensgefühl, nicht selbstkasteiender Lustentzug, sondern das clevere Abwägen selbstbewusster Konsumenten. Unser Computer erlaubt uns weltweite Schnäppchenjagd. Nutzen wir die Möglichkeit.

81 Prozent aller Deutschen erklären, die Berliner Begehrlichkeiten durch Cleverness beim Einkauf ausgleichen zu wollen. Im Anhang finden Sie umfangreiche Listen, die dabei helfen können.

Fahren Sie in die Outlets, stürmen Sie die Discounter, und

vergessen Sie bitte nicht, mir eine Flasche Champagner mitzubringen.

Der 1860-München-Star, Jungnationalspieler Benjamin Lauth, und TV-Entertainer Kai Pflaume haben sich öffentlich als Aldi- und Lidlfans geoutet, recht so die Herren.

Aufpassen allerdings sollte man bei Lebensmitteln. Auch der beste Schnäppchenjäger muss auf Qualität achten, der Preiskampf darf nicht dazu führen, dass wir alle billigen, ungesunden Junk essen. Vor einiger Zeit kam es zu einem Bauernprotest vor einer Handelskette in Nordrhein-Westfalen. Dort wurde der Liter Frischmilch für 24 Cent verkauft. Das seit unwürdig, tobten die Bauern und verwiesen auf Erzeugerpreise von 30 Cent.

Eine schöne Art, zu sparen und Qualität zu kaufen, bietet der Einkauf direkt vom bäuerlichen Erzeuger. Hier kann die kluge Hausfrau sparen, indem sie sich mit dem Hausmann von gegenüber verbündet. Bestellen Sie zusammen, je größere Mengen Sie abnehmen, desto günstiger werden die Preise.

In Kalifornien nannten die Kinder der Hippies diese Art des Einkaufens *Food-Conspiracy*. Der Vorteil: Verschwörungen dieser sehr friedlichen Art erlauben Einsparungen bis zu 40 Prozent und sie machen Spaß.

Überhaupt ist der nachbarschaftliche Austausch eine Sparquelle erster Güte. Wir können Handwerkerleistungen tauschen, Geräte teilen, uns Tipps geben lassen, Second-Hand-Läden empfehlen, Klamotten tauschen, Schwarzarbeiter vermitteln und vieles mehr. Sie werden sehen, es gibt genug Leute im Freundeskreis und in der Nachbarschaft, die Lust auf eine gemeinsame Sparanstrengung haben.

Was fehlt, ist der Hinweis für alle Leser in Brandenburg, dass der Sprit in Polen billiger ist – das gilt auch für Belgien, Luxemburg und Österreich.

Also, auch hier sollte man ab und zu die Nachbarn besuchen.

Auch wenn wir uns große Mühe gegeben haben, Ihnen die blödesten Spartipps zu ersparen, und glauben Sie uns, es gibt sehr viele blöde Spartipps – einer darf nicht fehlen, einer, über den ich richtig sauer bin.

Nein, ich meine nicht den Vorschlag, die Bettwäsche nur alle vier Wochen zu wechseln, um Waschpulver zu sparen – ich meine den Vorschlag von Dr. Thomas Kerschbaum.

Dr. Thomas Kerschbaum ist immerhin Präsident der Deutschen Gesellschaft für zahnärztliche Prothetik. In finanziell engen Zeiten, so Präsident Kerschbaum, empfehle es sich, auf den Ersatz der hinteren Backenzähne zu verzichten. Wichtig sei es, vor allem die Top 20 zu versorgen.

Lieber Herr Präsident, ich habe zwar keine Ahnung, ob Sie noch alle Top 20 besitzen, ich aber möchte Ihnen gerne den goldenen Bohrer für zynischen Unsinn verleihen.

So, bis bald, achten Sie auf Ihre Backenzähne, und kommen Sie doch in den nächsten Tagen mal vorbei, um über einen gemeinsamen Einkauf zu beraten.

Wir können bei der Gelegenheit gerne eine Flasche zusammen trinken.

Sie wissen ja, ich trinke für mein Leben gern Champagner, nur eiskalt muss er sein und von Aldi.

Adressen von Fabrikverkäufen und Outlet-Centern

Billig einkaufen ab Fabrik oder in Outlet-Centern wird immer beliebter. Viele Firmen locken die Schnäppchenjäger auch mit 2.-Wahl-, Reste- und Lagerverkäufen. Manchmal liegen die Preise bis zu 50 Prozent unter den Preisen des Einzelhandels. Die folgende Liste gibt einen Überblick über Firmen, die ihre Produkte entweder regelmäßig ab Fabrik besonders preiswert abgeben oder Sonderaktionen bieten, und Outlet-Center, in denen man Markenware günstig ergattern kann. Bevor man jedoch die Reise antritt, sollte man sich durch einen kurzen Anruf über die Verkaufsbedingungen und die Öffnungszeiten informieren.

Kategorie	**Firma**	**Adresse**
Auto & Verkehr	RDI Tuning	Friedrich-Ebert-Str. 10 31707 Bad Eilsen
Auto & Verkehr	Velo Schauff	In der Wasserscheid 56 53424 Remagen
Bauen & Werken	Black & Decker	Black & Decker-Str. 40 65510 Idstein
Computer	Boeder AG	Wickererstr. 50 65439 Flörsheim/Main
Computer	Fujitsu-Siemens Computers	Otto-Hahn-Ring 6 81739 München
Computer	Fujitsu-Siemens Computers	Bürgermeister-Ulrich-Str. 100 86199 Augsburg
Essen & Trinken	Bahlsen/Lorenz	Hermannstr. 34a 63263 Neu-Isenburg
Essen & Trinken	Birkel Teigwaren GmbH	Werderstr. 4 69469 Weinheim

Kategorie	Firma	Adresse
Essen & Trinken	Eismann Tiefkühlshop	Seibelstr. 36 40822 Mettmann
Essen & Trinken	Haribo	Gebr.-Schmidt-Str. 14 97350 Mainbernheim
Essen & Trinken	Haribo	Haaraer Str. 13 08112 Wilkau-Haßlau
Essen & Trinken	Haribo	Haribo-Werk III 42653 Solingen
Essen & Trinken	Haribo	Hans-Riegel-Straße 1 53129 Bonn
Essen & Trinken	Iglo	Aeckern 1 48734 Reken
Essen & Trinken	Lindt & Sprüngli Schokoladenfabrik	Süsterfeldstr. 130 52072 Aachen
Essen & Trinken	Meica Fleischfabrik	Meicastraße 6 26188 Edewecht
Essen & Trinken	Printen- und Schokoladen Lambertz	Borchersstr. 18 52072 Aachen
Essen & Trinken	Ritter-Sport	Alfred-Ritter-Str. 25 71111 Waldenbuch
Essen & Trinken	Schöller	Bucher Straße 137 90419 Nürnberg
Essen & Trinken	Steinhaus Wurstmarkt	Tenter Weg 13 42897 Remscheid-Lennep
Essen & Trinken	Zentis	Jülicher Str. 125 52070 Aachen
Freizeit & Hobby	Bermas	Bruckmühle 1 92681 Erbendorf
Freizeit & Hobby	Hein Gericke	Reisholzer Werftstr. 19 40589 Düsseldorf
Freizeit & Hobby	Radwerk	Stuttgarter Str. 60 72555 Metzingen

Kategorie	Firma	Adresse
Geschenke	Schott Glas	Hattenbergstr., Nähe Bismarckplatz 55122 Mainz
Gesund & Schön	Innovapharm Deutschland	Postfach 1170 53467 Bad Neuenahr-Ahrweiler
Haus & Wohnen	Berndes	Dungestr. 84 59757 Arnsberg
Haus & Wohnen	Estella Ateliers	Josef-Kühnl-Weg 1–3 91413 Neustadt/Aisch
Haus & Wohnen	ETTKUS Wasserbetten GmbH	Ettlinger Str. 62 76275 Ettlingen
Haus & Wohnen	H. Winterling Porzellanfabrik	Am Bahnhof 1 95168 Marktleuthen
Haus & Wohnen	Himolla-Polstermöbelwerk	Landshuter Str. 35 84416 Taufkirchen
Haus & Wohnen	Leifheit AG	Leifheitstr. 56377 Nassau
Haus & Wohnen	Liehr Wasserbetten	Bahnhofstr. 100 75417 Mühlacker
Haus & Wohnen	Meißner Porzellan	Talstr. 9 01622 Meißen
Haus & Wohnen	Ruhr Kristall Glas	Ruhrglassstr. 50 45329 Essen
Haus & Wohnen	Schlüter	Am Georgschacht 13 31655 Stadthagen
Haus & Wohnen	Severin Elektrogeräte	Röhre 27 59846 Sundern
Haus & Wohnen	Silit	Josef-Dexler-Straße 6–8 89331 Burgau
Haus & Wohnen	Solinger	Grünewalder Str. 14 42657 Solingen

Kategorie	Firma	Adresse
Haus & Wohnen	Waschmaschinen & Allerhand	Fabianus-Kirchplatz 15 48720 Rosendahl-Osterwick
Kind & Baby	Cinderella	Ulmer Str. 99 72555 Metzingen
Kind & Baby	elefanten	Freudenberg Schuhe GmbH 47533 Kleve
Kind & Baby	O.F.F. Outlet for Fashion	Kruppstr. 122 60388 Frankfurt
Kind & Baby	Princess-Kinderwagen	Heerstr. 10 72555 Metzingen
Kind & Baby	Scout	Frankenstr. 47–55 67227 Frankenthal/Pfalz
Mode	Alba Moda GmbH	Daimlerstr. 13 32107 Bad Salzuflen
Mode	Bally	Reutlinger Str. 49–53 72555 Metzingen
Mode	Bernd Berger	Wehrstraße 24 53773 Hennef
Mode	Betty Barclay	Heidelberger Str. 9 69226 Nußloch
Mode	Binder-Rist GmbH & Co. KG	Jakob-Lang-Str. 2 88171 Weiler
Mode	Birkenstock	Rheinstr. 2 53604 Bad Honnef
Mode	Blacky Dress, Jean Paul	Salzufer 14 12167 Berlin-Tiergarten
Mode	Cartoon	Rather Str. 110 40476 Düsseldorf
Mode	Création Stummer	Industriestr. 20 83395 Freilassing
Mode	Designer Outlet Zweibrücken	Europa-Allee 66482 Zweibrücken

Kategorie	Firma	Adresse
Mode	Diesel	Volkardayer Weg 68 40472 Düsseldorf
Mode	Egeria International Frottiermode	Nürtinger Str. 63 72074 Tübingen
Mode	Elégance	Jülicher Str. 306 52070 Aaachen
Mode	Erbacher Ski & Tennis AG	Heinrich-Hammer-Str. 6 89155 Erbach
Mode	Erich Rohde Schuhfabriken	Ascheröderstraße 34621 Schwalmstadt-Ziegenhain
Mode	ESPRIT Factory-Store	Am Rosenkothen 2 40880 Ratingen
Mode	Factory Outlet Modehandel	Mühlstr. 5 72555 Metzingen
Mode	Firma Hans Bäumler GmbH	Friedrich-Ebert-Str. 86 85055 Ingolstadt
Mode	Gerry Weber International AG	Horststr. 2 33803 Steinhagen/Westfalen
Mode	Hanseatic Mode GmbH	Am Grüngürtel 18 50354 Hürth-Efferen
Mode	Hugo Boss	Kanalstr. 6–8 72555 Metzingen
Mode	Jil Sander	Berliner Damm 5–11 25479 Ellerau
Mode	Jil Sander	Reutlinger Str. 63 72555 Metzingen
Mode	Joop!	Mühlstr. 1 72555 Metzingen
Mode	Kemper+Féraud	Obergath 60 47085 Krefeld
Mode	L. Püttmann GmbH	Greifswalder Str. 5 33106 Paderborn

Kategorie	Firma	Adresse
Mode	Lloyd Shoes GmbH	Hans-Hermann-Meyer-Str. 1 27232 Sulingen
Mode	Marc O'Polo Second Season	Kaiserdamm 7 12167 Berlin
Mode	More & More	Emslander Str. 3 82319 Starnberg
Mode	MORE & MORE Outlet	Carl-von-Linde-Str. 32 85716 Unterschleißheim
Mode	Mustang	Würzburger Str. 48 74653 Künzelsau
Mode	Paddock's Jeans	Carsten-Dressler-Str. 11 28279 Bremen
Mode	Puma	Rudolf-Dassler-Str. 1 96132 Schlüsselfeld-Elsendorf
Mode	René Lezard	Industriestraße 6 97359 Schwarzach
Mode	Romika	Karl-Benz-Str. 2 54292 Trier
Mode	Rosner GmbH & Co.	Schölnhammerstr. 25 85055 Ingolstadt
Mode	Roy Robson Trade GmbH	Bleckeder Landstr. 24 21337 Lüneburg
Mode	Sioux GmbH	Finkenweg 2–4 74399 Walheim
Mode	Tom Tailor Sportswear	Schnackenburgallee 149 22525 Hamburg
Mode	Topstar Textil	Zeppelinstr. 7 73119 Zell
Mode	Triumph International AG	Industriestr. 57 73430 Aalen
Mode	Urban Stylez Outlet	Schulstr. 6 73033 Göppingen

Kategorie	Firma	Adresse
Mode	Yellomiles	Finkenweg 2–4 74399 Walheim
Mode	Zero	Scipiostr. 4 28279 Bremen
Spielzeug	Kösener Spielzeug GmbH	Naumburger Str. 13 06628 Bad Kösen
Spielzeug	Magarete Steiff	Alleenstraße 2 89537 Giengen/Brenz
Spielzeug	Spielwaren-Lagerverkauf	Noyonallee/Ecke Heerstr. 72555 Metzingen
Sport	adidas shop	Schießhausstraße 91074 Herzogenaurach
Sport	Sportinside Shop	Ellerstr. 191 40227 Düsseldorf
Sport	Trigema	Hechinger Straße 53 72393 Burladingen

Notizen

Notizen

Notizen